AF234080

Docteur Maurice HEPP

L'IMMENSE INDO-CHINE

Une Vue cavalière de l'Indo-Chine
Les Chinois et l'Indo-Chine
Questions indo-chinoises

PARIS
J. PEYRONNET ET Cie, ÉDITEURS
7, RUE DE VALOIS, 7
1928

DU MÊME AUTEUR

Le Drame moral du Temps présent. Paris, Editions des Gémeaux, 1921.

L'IMMENSE
INDO-CHINE

A la mémoire

de mon initiateur de l'Indo-Chine,

mon très cher ami,

Maurice de Redon de Colombier

qui fut un Homme.

Docteur Maurice HEPP

L'IMMENSE INDO-CHINE

Une Vue cavalière de l'Indo-Chine
Les Chinois et l'Indo-Chine
Questions indo-chinoises

PARIS
J. PEYRONNET ET Cie, ÉDITEURS
7, RUE DE VALOIS, 7
1928

PREMIÈRE PARTIE

____

Une Vue cavalière
de l'Indo-Chine

J'ai choisi ce titre d'allure modeste parce qu'il exprime exactement mon dessein d'esquisser, grâce à mes seuls souvenirs personnels, une vue d'ensemble de la grande péninsule indo-chinoise telle qu'elle m'est apparue, en la contournant au cours d'un voyage trop rapide pour me permettre d'en entamer plus que l'écorce.

En commençant ma tâche, j'en mesure cependant la difficulté.

Exprimer avec des mots figés les formes, les aspects, les couleurs, les parfums, la vie d'un immense pays, divers par les climats et par les hommes, serait l'œuvre et peut-être l'écueil d'un artiste que je ne suis pas.

Aussi me suis-je astreint à en tracer simplement l'image fidèle et véridique, représentative dans la mesure de mes moyens; trop heureux si j'enseigne quelques-uns de mes lecteurs, sans les induire en erreur par des artifices de style et des écarts d'imagination.

A chacun je demanderai de prendre, avant tout, sur la carte, connaissance de l'itinéraire que j'ai suivi, de se figurer que la distance qui sépare mes deux points extrêmes, la frontière de Chine et Singapour, mesurant plus de 2.500 kilomètres du nord au sud, est supérieure à celle de Paris au

Caucase, et que l'Indo-Chine, dans sa largeur, de la mer de Chine au golfe du Bengale, atteint la moitié de cette dimension. Je me ménage aussi une excuse à l'égard de ceux qui trouveraient l'ouvrier inférieur à l'effort démesuré qu'il a tenté, et l'accuseraient de monotonie pour avoir eu le souci d'indiquer trop de paysages en tentant de peindre une fresque trop colossale. Cette précaution prise, j'engage mes compagnons inconnus à me suivre au long de ce périple.

TONKIN

Après une dure navigation de quatre jours, depuis Saïgon, le long de l'abrupte côte d'Annam, secoués par la grande houle de la mer de Chine qui déferle sur la côte, parallèlement à la direction de laquelle nous voguons, nous voici en vue de la terre. Nous pénétrons dans l'estuaire de la rivière d'Haïphong, et comme le ciel est gris , la mer brune du limon du fleuve, la côte basse et sablonneuse, notre première impression est décevante.

A gauche sur une langue de sable, l'éminence que nous voyons, parée de quelques arbres, c'est Doson, le bain de mer d'Haïphong, beaucoup moins séduisant que Saint-Mâlo ou Dinard; à droite, nous apercevons une côte plate, sablonneuse, sans caractère, peu verdoyante, et devant nous un fleuve immense, de plusieurs kilomètres de large, dans lequel nous entrons, mais dont nous devons chercher le chenal entre les bancs de sable et de boue, guidés par des balises qui nous obligent à zigzaguer.

Le voyageur fatigué et souffrant aspire cependant à fouler cette terre d'aspect inhospitalier, mais qui le devient de moins en moins à mesure que la rivière se resserre et que se précise le profil d'Haïphong.

Haïphong

Les tours d'une église, la masse d'une grande usine, des cheminées très hautes, puis des quais plantés d'arbres, se dégagent peu à peu de l'atmosphère brumeuse, rayée de pluie; une ville moderne, propre, d'aspect tout européen, défile. La rivière large, dont le chenal est tout occupé par une file de grands cargos, est sillonnée en tous sens de barques, de jonques à l'arrière carré, élevé en château, avec de hauts mâts et de grandes voiles dont les membrures sont disposées comme celles d'une aile gigantesque, de sampans, bas et allongés, coupés en leur milieu par leur toit demi-cylindrique de bambou tressé, de képhen : elle s'écoule limoneuse, brune, s'étale au delà de la ville, loin, dans une campagne plate, très verte, inondée; et n'était le profil inaccoutumé des embarcations, elle ferait penser à la Meuse ou au Rhin, à un paysage de Hollande avec ses délicatesses, ses harmonies et ses brumes.

Cette impression impérieuse s'évanouit vite dès qu'on a mis pied à terre. Au long du quai, l'armée des traîneurs de pousse attend et les petites voitures à deux roues filent les unes après les autres, légères, emportées par leurs coolies à culotte large et courte, à petite veste, graciles, menus et rapides. Nous entrons dans un monde nouveau en dépit des apparences nordiques; et les

tamariniers à larges feuilles veinées et rougissan-
tes, les fromagers avec leurs noix quadrangulaires, les hibiscus avec leurs belles corolles rouges,
les délicieuses et foisonnantes lianes roses de Singapour, les légers feuillages des flamboyants donnent immédiatement un cachet d'exotisme à ces
voies régulières ornées de jolies villas par lesquelles on accède à la ville commerçante, composée
d'une longue et large rue bordée de boutiques
européennes sans caractère.

A l'extrémité de cette rue s'ouvre une place
avec un joli square autour duquel se dressent
orgueilleux des bâtiments de banque, de sociétés
de navigation et d'où part, à angle droit sur la
grande rue, la rue chinoise plus étroite, vivante,
grouillante, palpitante de drapeaux, de bannières,
d'enseignes verticales coloriées, perpendiculaires
aux façades et débordant les unes par-dessus les
autres sur la chaussée où elles accrochent le regard. Dans des boutiques étroites, des compartiments contigus, tous les commerces se succèdent,
dans une certaine progression, les marchands de
riz, les grainetiers, les malliers, les tailleurs, les
menuisiers, et plus loin les marchands d'étoffes,
les confiseurs, les bijoutiers, les marchands de porcelaine dont les vases et les tasses bleus et bancs
remplissent des casiers superposés.

Au bout de cette rue pleine de vie et de couleur, s'ouvre la porte du marché, grand carré de

terrain enclos de murs où des halles couvertes
recèlent tous les types du pays avec tous les fruits,
tous les légumes, tous les poissons, dans une surabondance et un bariolage de couleurs tout à fait
surprenant, et délicieux pour l'œil.

Voici d'abord une vieille marchande d'herbes
médicinales et de tisanes inconnues; puis, accroupies derrière leur éventaire, les marchandes de
bananes, d'oranges, de mandarines, de mangues,
d'avocats, de noix de coco, énormes, bosselées et
vertes dans leur carapace vernie, d'énormes pam-
plemousses jaune pâle, et de citrons tout petits,
d'un vert de jade. Plus loin, des tas de tomates
grasses et carminées, de belles aubergines sombres,
d'oignons somptueux roses et mauves, de salades
charnues et godronnées, se mêlent aux paquets
des tiges de cannes à sucre, aux tas de longues
racines noires du manioc dont quelques-unes sont
déjà découpées en rondelles dans des corbeilles,
aux bulbes tortueux et rameux du gingembre, aux
tubercules gros, pâles et irréguliers des patates, aux
gousses plates et quadrangulaires d'un fruit acide
qui remplace le citron, aux corbeilles d'arachide et
de feuilles fraîches de thé, aux courges, aux ananas, aux pastèques roses, aux papayes, aux mangues. Toute l'abondance et la richesse d'une terre
apte à donner nos légumes avec beaucoup d'autres, éclatent gaiement devant les marchandes
annamites, menues, rieuses et piaillantes, avec leurs
larges pantalons et leurs tuniques à deux pans,

le sampot kaki, la tête couverte d'une fanchon noire, étonnamment semblable à celle de nos paysannes, mais avec leur nez épaté, leurs yeux vifs, leur bouche entr'ouverte sur des dents noires, leurs gencives et leurs lèvres teintées de vermillon par le bétel qu'elles chiquent et dont les jets, rouges comme du sang, parsèment le sol de leurs traînées. Entre les éventaires circulent les bécons, les enfants porteurs, vifs et marchandeurs, chargés de larges corbeilles rondes de bambou tressé, où s'accumulent les achats; ils vous assaillent dès l'entrée du marché de leur « Moi porter Monsieur » et vous excitent comme des mouches du coche, prennent part à toutes les transactions. Des ménagères chinoises sèches, les cheveux rares et tirés, accompagnées de leurs filles roses et fraîches avec leur frange sur le front et leur nattè dans le dos, délicieuses dans leur large pantalon et leur veste courte, des Françaises très sûres d'elles-mêmes, d'un embonpoint souvent excessif, des Annamites bourgeoises dans leur pantalon de soie noire, vernie comme une toile cirée, gaînées de leur tunique de soie brochée, les bras chargés d'anneaux d'or et s'avançant souples et minces, à petits pas, en traînant indolemment les pieds, se croisent et se toisent formant un tableau infiniment vivant et pittoresque.

En face du pavillon des légumes, un hourvari nous attire et, l'allée traversée, nous tombons dans la halle au poisson. Elle déborde son enceinte, se répand sur la chaussée qui entoure son sol humide et gluant et vous happe de toutes les pattes de ses crabes, noirs, bruns, verts, des antennes de ses langoustes remuantes en d'innombrables paniers. Le crustacé populaire attire la foule plus humble aux abords de ce temple; mais les acheteurs s'en vont chargés d'un modeste butin, le plus souvent d'une simple brochette de poissons secs, irréels dans leur ratatinement, d'un lot de vers jaunes pâles, tachés de brun, gros et longs comme le petit doigt, qui constituent un régal peu appétissant. Les belles pièces sont à l'intérieur et aux grands jours c'est un véritable éblouissement de formes et de couleurs. A côté de nos poissons, les soles, les raies, les merlans, ce sont des entassements de rougets éclatants, d'énormes seiches tentaculaires et gélatineuses, de poissons épineux d'un vert tendre ou d'un bleu idéal à physionomie réellement chinoise, de petits requins menaçants, de puissantes vieilles (un poisson de choix, absolument délicieux) hérissées et noirâtres avec des têtes massives et charnues : le spectacle varie sans cesse au hasard des passages de bancs; mais ce qu'on trouve toujours, ce sont les crevettes au moins dix fois plus grosses que notre bouquet, de belles crevettes opalines et transparentes qui sollicitent impérieusement la gourmandise.

Comme le poisson est le principal mets de l'Annamite et du Chinois, la halle ne désemplit pas, et à la fin d'une matinée, il reste bien peu de choses aux marchands qui savent parfaitement tenir leurs prix.

Un autre spectacle aussi pittoresque vous attend au delà de ce pavillon : c'est celui des restaurants populaires groupés sous une autre halle.

Là, les Annamites cuisinent en plein vent et s'accroupissent, assis sur leurs talons, autour des échoppes des restaurateurs, soit par terre, soit sur des bancs autour de petites tables. Il y a des traiteurs pour toutes les classes sociales; mais généralement pour les plus humbles; un bol de riz blanc mangé à la baguette aidée des doigts, des boulettes de riz trempées dans la sauce de poisson très épicée, un peu de poisson sec revivifié par le court bouillon, une galette de farine de riz, plate comme une hostie, des beignets très gras, des bonbons à la cassonnade font tous les frais du repas et le service ne se compose que d'un bol, d'une soucoupe pour la sauce de poisson, le ngocman, et d'une paire de baguettes.

Les plus riches ajoutent à ce menu du poulet sauté et un verre d'eau de vie de riz, le choum-choum.

C'est un spectacle très amusant que celui de ces dîneurs assis sur leurs talons, posture du repos, autour des bols bleus et blancs, gais, contents de leur maigre pitance et très étonnés qu'on les contemple avec curiosité, c'est une vision synthétique et immédiate de l'intimité annamite.

Il y a bien d'autres choses dans ce marché où l'on vend de tout, des pâtisseries, des graines, de la farine, du riz surtout; mais un rayon, le plus éloigné, est amusant par sa fantaisie imprévue pour nous, celui où l'on débite les objets de piété, les paquets de baguettes d'encens, pour le schim-schim Bouddha, les papiers de soie au centre desquels on colle une feuille d'or ou d'argent à offrir au dieu, les autels de carton de papier coloriés et dorés, d'une fantaisie toujours cornue, les joujoux de carton pour les enfants, chevaux, poupées, etc.

Là se montrent toute l'ingéniosité, la fantaisie et aussi la tradition annamites; j'ai revu vingt fois ce lieu et y ai toujours trouvé le même plaisir; mais celui de l'initiation a une saveur particulière.

Au sortir de ce temple remuant et savoureux, les quais du canal, tout voisins, offrent un nouveau spectacle : les sampans s'y entassent les uns contre les autres, longs bateaux à fond plat en forme de gondoles dont la proue et la poupe se relèvent et s'effilent, souvent de bois, mais parfois de bambou tressé avec un art charmant, paniers légers et irréels qu'on aurait envie d'emporter comme un joujou. Le sampan est l'engin de pêche, l'engin de transport, et en même temps l'habitation familiale comme nos chalands. Mais ici toute la vie se concentre au milieu du bateau, sous le toit demi-cylindrique qui l'occupe, sous cette tente ouverte aux deux extrémités; deux bancs de bois s'allongent aux côtés du bordage, des nattes recouvrent le sol, et sous cet abri de bambou tressé, les sampaniers mangent, dorment, procréent, allaitent, font la cuisine, tandis que les enfants, très souvent délicieux sous leur perruque noire, et en dépit de leur gros ventre, s'échappent par bandes tout nus ou à peine vêtus, et viennent manœuvrer le long et lourd aviron qui sert soit de rame, soit de godille, soit de gouvernail, à l'avant et à l'arrière du bateau. Dans de grandes barques semblables, plus d'un million d'hommes vit ainsi, à l'aventure, de pêche, de commerce, de transport, tout au long du lacis de bras et de canaux que forment les branches du delta, population misérable, rêveuse, douce, souriante, paresseuse et changeante comme l'eau aux mille reflets. Le long de ce quai les sampans se pressent dans un enchevêtrement amusant, bousculés parfois par l'arrivée d'une chaloupe à roues, plate, large, ventrue, qui fait le service du fleuve et apparaît chargée de tout un peuple misérable, rieur, bruyant, entassé avec les marchandises sur l'entrepont ouvert au ras de l'eau.

En remontant le canal par des chemins noirs de charbon, bordés de bicoques misérables, nous arrivons à un large étang boueux sur le bord et au milieu duquel se dresse un village lacustre : deux cents cabanes en bambous, érigées sur pilotis, émergent de l'eau dans un fouillis infiniment pittoresque avec les barques, les engins de pêche, des nasses, de filets de forme nouvelle; toute la population vit de l'eau et dans l'eau, les hommes enfouis jusqu'à la ceinture, réparent leurs embarcations, les enfants barbotent, des femmes à moitié nues se lavent, montrant un joli torse, une poitrine gracile d'un galbe délicat. En face de ce paysage préhistorique, de l'autre côté du canal, l'usine à gaz dresse ses cylindres noirs et ses cheminées fumantes, la cimenterie érige ses grands murs gris et les énormes trémies de sa machinerie : la vie industrielle vient contraster avec ce qui reste du Tonkin primitif. Revenant sur nos pas par de larges et belles rues européennes, bordées de maisons accueillantes, entourées de jolis jardins pleins de fleurs et de verdure, nous retournons vers la rivière que nous allons traverser et nous connaissous tous les aspects d'Haïphongg, sous-préfecture élégante, moderne, bien dessinée, flanquée de quartiers chinois et annamites.

Nous voici au bac qui va nous transporter sur la rive gauche d'où la route va vers la montagne.

Le temps s'est éclairci, nous apercevons dans le lointain sa ligne, bleue comme celle des Vosges, dont elle a la taille et le contour avec ses ballons et ses crêtes allongées.

L e bac d'Haïphong, large ponton pouvant embarquer deux automobiles et une foule de niahqués (paysans des environs), est traîné sur l'autre rive par un petit vapeur bruyant et poussif aux flancs duquel il est rattaché. Sur la proue, déjà le vieux mendiant aveugle, son hôte habituel, psalmodie des chants monotones du pays en grattant un violon à deux cordes; le long du bordage s'installent avec leurs paniers et leurs ballots, les paysannes vêtues d'un sampot kaki passé et rapiécé, la tête couverte d'une marmotte noire, sur laquelle elles assujettissent avec une jugulaire passée sous le menton, une très large galette plate et épaisse de feuilles de latanier qui leur sert à la fois de parapluie et de parasol et leur donne de loin l'aspect de gigantesques champignons. Dans cette foule qui remplit déjà le bateau, l'auto, dévalant sur le plan incliné de la berge, pénètre tout à coup comme un monstre devant lequel tous s'écartent et se groupent, souvent assis sur leurs talons à même le bordage du bateau en un équilibre qui nous semble horriblement instable. Et le bac démarre, file à travers les cargos, les jonques, les sampans, tandis que les écoliers éveillés, avec leur cartable, s'amusent à sauter du bac sur le vapeur qui le traîne, jeu passionnant.

Ce passage de bac est une initiation nécessaire, car on recommence le même exercice un nombre incalculable de fois dans une randonnée au Tonkin où partout des rivières très larges, gonflées par la marée, viennent couper les routes au grand détriment de la rapidité du voyage, mais en y apportant des notes d'un pittoresque très varié.

Nous voici sur l'autre rive, en face de la ville, à l'orée de la campagne. Le débarcadère fournit une image nouvelle. Une petite agglomération de cases en bambous se presse à l'entrée de la route, abrite des restaurateurs dont l'éventaire s'ouvre en plein vent : des bananes, des oranges, des bouts de canne à sucre, des galettes tout à fait plates à la farine de riz, des beignets gras d'une graisse suspecte, des boulettes de riz, des bols de riz, des nougats aux cacahouettes, des bouteilles de sauce de poisson, quelques soucoupes et quelques tasses de porcelaine chinoise blanche et bleue, un flacon d'alcool de riz, voilà tout le bilan de ces commerçants pour pauvres, pauvres eux-mêmes et cependant enviés, car c'est la grande ambition de l'annamite de devenir : « titi commerçant », de grouper sur des bancs ou sur des chaises ou accroupis sur leurs talons, les clients doux, rieurs, bavards, indolents, qui ont déposé leur fardeau et se régalent de menues choses; nous voilà initiés aux êtres de la campagne qui s'ouvre devant nous.

La route rose et dure file entre deux rizières que la marée transforme en marécages hérissés des tiges sèches du riz, qu'on vient de cueillir, paysage mélancolique où l'homme cependant met une vie intense. Sur les sentiers qui bordent le chemin, défile, sans répit, le peuple annamite dont le four-millement vous surprend. Trottinant, les genoux un peu pliés avec un déhanchement léger assez élégant, les femmes se succèdent, sans cesse, toutes semblables, en pantalon large avec une tunique longue à deux pans séparés par des fentes laté-rales, de couleur sombre, le plus souvent d'un brun délavé jusqu'à devenir grisâtre. Elles portent sur l'épaule, en équilibre, un bambou noirci et poli par l'usage aux deux extrémités duquel sont suspendus, comme au fléau d'une antique balance, des paniers plats chargés des objets les plus hétéroclites pour celles qui viennent de la ville, mais de beaux légumes, de beaux fruits, de pyramides de feuilles de thé, vertes, dentelées, vernies, chez toutes celles qui vont vers le marché. Quelques hommes porteurs d'engins de pêche, de filets étranges ou de petites charrues tout à fait primitives faites d'une simple pointe de métal montée à l'extrémité d'un manche de bois, se mêlent à la théorie des coltineuses. La route s'alimente sans cesse de l'apport des sentiers qui la relient aux villages, minces levées de terre séparant les carrés de rizières, à peine dessinés sur la nappe des eaux d'où surgissent, comme par miracle, de nouveaux afflux pour la fourmillière humaine. De loin en loin un petit bois coupe la monotonie de la plaine liquide, un joli bouquet de grands bambous au feuillage léger, que surmontent les panaches de palmes des aréquiers portés par des tiges infiniment droites et minces et qu'enveloppent des taillis de bananiers aux larges feuillées déchiquetées. Dans ce petit bois se dissimule un village dont nul toit n'émerge, dont nulle fumée ne s'élève. Parmi cette monotonie d'aspects et de couleurs éclate tout à coup une note verte extraordinairement brillante et douce, c'est la pépinière de riz, frissonnante de bouquets drus et serrés, d'une couleur si tendre, si inhabituelle, qu'elle bouleverse l'œil et les sens. Ainsi dans sa platitude absolue, s'étend, coupé de fleuves immenses, roulant des flots gras et bruns, le delta du Tonkin, humide, souvent brumeux, sous des cieux dont le bleu tendre évoque bien souvent l'Ile de France. L'aspect qu'on recueille ici se répète indéfiniment.

Mais bientôt la route change de physionomie, après avoir traversé un village prospère et bien bâti, une colline la surplombe, âpre, dénudée, rougeâtre, qui bientôt s'adoucit, verdoie, puis, s'infléchissant, découvre un pays nouveau où du sein des eaux s'élèvent des hauteurs mamelonnées couvertes de lianes, de fougères, de phénix, de touffes de broméliacées étalant leurs chevelures de feuilles longues, coriaces et dentelées. Bientôt ces mamelons, souvent tapissés d'une toison d'ananas cultivés, se multiplient, vous enveloppent de toutes parts, de plus en plus élancés, irréguliers, déchiquetés, et pittoresques infiniment sur la grande lagune où les bouquets verdoyants des villages se rapprochent. L'enchantement grandit sans cesse; ces éminences étranges se reflètent, s'allongent, se déforment dans le miroitement de l'eau où des buffles noirs, enfoncés jusqu'au poitrail, traînent d'étranges charrues dans la boue profonde : tout vibre, vit, varie sans trêve, un pic s'écarte, en révèle un autre, une lagune s'enfonce dans un couloir de hautes roches, hérissées et ruisselantes de verdure. L'auto file dans un paysage de rêve où l'on voudrait l'arrêter près d'une de ces petites cases en bambou abritées sous un grand banian aux troncs multiples, grandiose dans son isolement. Heureusement la rivière barrant soudain la route immobilise la voiture dans l'attente du grand bac à rames primitif et lent qui va la transporter sur l'autre bord. Ce bac de Phil-Yet est une merveille. Une très large rivière, divisée en deux bras, couverte de sampans aux voiles carrées, de jonques lourdes aux voiles ailées et à la proue ornée de deux gros yeux ouverts, s'enfonce à droite et à gauche entre les roches hautes et verdoyantes qui semblent en barrer le cours et dont plusieurs aux formes étranges se dressent au milieu de lui. Dans le fond, à l'arrière d'une plaine verdoyante et humide, pleine de boquets d'aréquiers, la montagne proche forme un écran d'un bleu très doux; les palétuviers des rives, tels que de grands rhododendrons, encadrent le courant vif, et tout un peuple de mariniers, de chinois, de paysannes, la tête couverte de leur grande galette de latanier, anime le fleuve d'un mouvement continu. Tout ce massif calcaire où la rivière se creuse un passage tortueux est un reste, englué par les alluvions, de la baie d'Along, et en garde le caractère avec une note de vie qui en atténue la sévérité. Rien n'est plus imprévu et plus délicat que ce paysage qui change à toutes les heures du jour, d'une poésie infinie dans la lumière idéale du matin, romantique sous la pourpre des couchers du soleil, tragique dans la nuit où se découpent seules les silhouettes menaçantes des roches et où veillent, sur l'eau noire, comme des yeux clignotants, les fanaux des bateaux amarrés et les fanaux épars des pêcheurs, abandonnés tout le long des nappes liquides, au-dessus des nasses tendues aux poissons.

Mais le bac a passé, la voiture remonte d'un élan la rampe humide de l'autre rive et rejoint bientôt la grande route qui longe le pied de la montagne entre des terrains âpres, recouverts de brousse pauvre, brûlés presque chaque année par les indigènes pour que le ruissellement des pluies amène leurs cendres fécondes aux rizières voisines. Des chemins de fer miniers, des bâtiments de mine, de la roche dénudée, du schiste et du charbon, succèdent tristement au paysage voluptueux qu'on vient de quitter. Cependant deci delà un joli bouquet de bois, de beaux arbres attirent le regard, c'est l'abri d'une pagode, l'oasis dans le désert. Sous d'immenses banians aux troncs énormes de quatre à cinq mètres de diamètre, à la frondaison dispersée et tortueuse d'où pendant ainsi que des colonnes droites, grosses comme le bras ou la cuisse, des racines adventices enfoncées au sol, semblables à des troncs accessoires et dont les branches se soudent souvent aux branches d'un arbre voisin, un petit édifice se cache. Une façade blanche, peu élevée, sans apparat, un toit de tuiles vernies, cornu, aux angles duquel se tordent des dragons coloriés de bleu et de rouge délavés, une porte de vieux bois gris, grinçante, ainsi se présente la pagode agreste. L'intérieur n'est pas plus somptueux : de puissantes poutres forment colonnes et soutiennent d'autres chevrons de bois à peine équarris sur lesquels s'appuie le toit. Un véritable lit de camp en planches est réservé aux fidèles; en face de lui l'autel du bouddha se dresse humble et vide, car le dieu est relégué dans une armoire derrière une autre façade blanche d'un crépi grossier; entre l'autel et les fidèles, une allée s'ouvre au grand ciel bleu.

Entre qui veut dans l'édifice, le bonze habite une maison voisine, mais fréquente peu son temple et fait vainement retentir son gong pour y appeler les fidèles. En dehors des grandes fêtes, généralement l'église est vide, mais si calme, si recueillie dans son bois sacré, si librement ouverte au soleil, à la lumière, aux oiseaux qui nichent parmi les arbres, tourterelles grises, ramiers sacrés, qu'on goûte sous son toit, dans l'ombre fraîche des vieilles poutres, un repos profond et vraiment religieux. J'y ai passé de longues heures de lecture et de réflexion.

Mais l'auto ne nous laisse pas rêver et le long de la route, animée d'une foule toujours identique de paysans, nous révèle d'autres types du pays : le vieux mandarin, vêtu de soies sobres et riches, la tête coiffée de sa calotte octogonale à bouton de cristal, la face ornée d'une barbiche longue et blanchissante, les yeux masqués de lunettes, passe, protégé par un parasol doublé de vert, traîné dans son pousse par un indigène en culotte courte, petite veste, la tête et les pieds nus; les jeunes lettrés, également en pousse, ou s'avançant à pied, graves et distants, sous leur parasol ou leur parapluie, coiffés d'un turban de satin noir à spires serrées, vêtus d'une longue tunique de soie noire brochée, aux revers et à la doublure de soie bleu de ciel, remplacée par une tunique blanche pour le deuil. Ils déambulent sur le milieu de la chaussée, pleins de hauteur et d'indifférence pour le pauvre peuple des bas côtés, avec une expression d'orgueil.

Une file de buffles sort d'un sentier, noirs, épais, gluants de boue, énormes, antédiluviens, faux monstres gélatineux qu'un rayon de soleil rend transparents et que de touts petits enfants, juchés sur leur dos, conduisent sans résistance vers les champs. Quand ils sont à la pâture, pacifiques et lents, ils portent presque toujours sur leur nuque, des pies blanches et noires, qui volent d'échine en échine, formant un des tableaux les plus caractéristiques du pays.

De petits chevaux passent montés par des Chinois pleins d'importance dont les pieds touchent presque le sol. C'est brusquement un dessin de broderie chinoise ancienne. Ces chevaux sont trapus, bas, l'encolure courte et large, le garrot épais, la croupe pleine, la crinière courte, la queue longue, la tête petite et pleine de feu; ils ont de l'ardeur, de la vigueur et de la solidité et semblent sortir d'une légende guerrière de la Chine de jadis. Sur le bord de la route un faux cotonnier qui a perdu ses feuilles, dessine sur le ciel son squelette isolé, ses étages successifs de branches régulièrement étoilés, ainsi que les arbres qui nous semblent irréels et voulus dans un dessin de l'époque des Ming. Brusquement nous sommes transportés à travers les âges.

Cependant la chaîne du Dong Trieu s'allonge toujours. Son premier plan dénudé révèle sous le soleil oblique son ossature intime qui se présente comme un grand gâteau feuilleté où les couches de charbon alternent avec celles des schistes. A son pied se montrent des installations minières près des villages que nous traversons, animés comme des ruches, avec leur marché permanent des deux côtés de la chaussée.

Nous évitons d'incroyables cochons allongés et bas sur pattes au point que leur ventre traîne sur le sol; roses, truffés de larges taches noires, le groin allongé, l'échine invraisemblablement concave, ils semblent ramper en grognant d'un grognement lamentable, tels que des bêtes apocalyptiques.

Nous approchons d'un centre minier et administratif qui est le terme de notre route du premier jour : Uong-bi. Sur un mamelon entouré de palissades, protégé par un arbre immense, merveilleux, dont la silhouette dépouillée de feuilles et fine comme une dentelle se profile sur un ciel idéalement bleu, se dresse la demeure du chef de district, du garde principal, commandant la milice. Un fonctionnaire indo-chinois petit et menu dans son uniforme kaki, le chef protégé par son petit casque conique à bouton de cuivre, monte la garde le fusil sur l'épaule. Une rivière coule au pied du mamelon, basse et torrentueuse au sortir d'une jolie vallée boisée qui s'enfonce dans la montagne. Sur son autre rive un village à moitié européen s'étale autour d'un grand chantier où des machines grincent et sifflent sans cesse.

Nous allons demain apprendre à connaître la montagne et la forêt.

La voie ferrée qui monte à la mine nous y conduira vite sur la draisine, l'auto sur rails pétaradante des ingénieurs. Nous nous aggripons au chariot de bois de ce véhicule à la fois moderne et primitif et nous filons devant un train montant qui stationne. Dans tous les wagons debout ou accroupis, se pressent des Annamites chargées de leur provende pour le marché de la mine : la tête coiffée de leur galette de latanier ou d'un chapeau conique de bambou tressé, pé-piantes, bavardes, tassées les unes contre les autres, elles semblent des plantes vivantes et uniformes, bouquets étranges dans la jardinière que fait une caisse noire du wagon charbonnier. Nous longeons le pied d'une colline dénudée, nous traversons une rivière encaissée et torrentueuse, une savane d'herbes sèches et tout à coup, longeant le torrent scintillant et grondant nous voici sous la voûte des arbres.

Ils montent serrés, enchevêtrés, à l'assaut des deux collines qui limitent la vallée, enfin triomphants, à peu près respectés et recouvrent tout d'une toison dense et double, la supérieure formant une voûte élevée où les rayons pénètrent à peine, l'inférieure tapissant le sol d'un hérissement d'arbustes et de lianes. Des troncs droits s'élèvent d'un jet puissant, d'autres multiples, emmêlés, soutiennent leur dôme comme un échafaudage de fantaisie; et de ce dôme pendent innombrables des radicelles dont le paquet flotte aux rameaux, ou d'épaisses racines qui viennent comme des colonnes s'enfoncer dans la terre ainsi que des étais spontanés au bout de longues branches serpentines. Aucune essence de nos contrées; des tecks aux larges feuilles qui rappellent celles des catalpas, des lims rougeâtres dont on dit que le bois est de fer, des arbres à pain, des jacquiers, immenses lauracées dont le fruit énorme comme une citrouille, vert et hérissé pousse parfois du tronc même, des camphriers aux haies noires et au feuillage verni et léger, des banians gigantesques, envahissants, fantaisistes, beaucoup d'autres espèces dont nul ne dit le nom, composent cette sylve où la vie est si intense que, des troncs sciés au bord du chemin, .

renaissent, sans nombre, des rejets sur la surface de la coupe fraîche.

La vallée se resserre, un barrage tendu entre les deux collines retient la rivière pour alimenter d'eau Haïphong. Je descends de la draisine, et, par un chemin de parc aménagé, me voici au bord de l'eau sous une tonnelle avec une table et des bancs pour les visiteurs, enveloppé de toutes parts par la forêt sous l'incantation de la chute d'eau. D'immenses bambous font un fourré somptueux; tout le long des rives des lianes fleuries, jaunes et mauves serpentent et pendent, un vieux banian tout creux projette son ombre, et de sa cavité sort de temps en temps un iguane rébarbatif qui niche là. Sur les poutres du barrage, les pieds dans l'eau, je traverse la rivière qui s'étale comme un lac transparent tout plein de reflets du ciel et des bois, et sur l'autre rive m'accueille un petit Annamite affable, le gardien du barrage dont la case niche dans les feuilles comme la cabane de Lakmé. Il me guide vers la forêt à l'orée de laquelle il fait devant un pagodon quelques inclinaisons, quelques lays profonds.

Ce petit édifice, dressé aux esprits des bois et des eaux, sous l'abri d'un banian, est touchant au possible; sur un pilotis de bambou, à hauteur d'homme, une petite case se dresse qui rappelle les crèches de Noël, et dans ce temple minuscule des dragons de papier coloriés et dorés, des petits vases, des ornements biscornus se pressent devant l'autel, tandis qu'au premier plan quelques baguettes d'encens à demi consumées témoignent d'une invocation humble et récente.

Nous pénétrons dans la forêt où le paon jette son cri strident, où des singes hurlent en remuant des branches, et me voici dans un monde tout à fait nouveau. J'avance avec la plus grande peine dans un incroyable fouillis de plantes dont la moindre ferait l'orgueil d'un fleuriste : des phénix géants se mêlent aux bambous épineux qui vous agrippent, des cycas dressent leur palmes régulières, des yuccas s'épanouissent en gerbes de deux mètres de haut sous l'abri de grands bananiers sauvages à l'immense fleur rouge pourpre dont le pistil s'allonge déjà pour ébaucher la grappe des bananes; des fougères semiarborescentes étalent leurs bouquets de feuilles; d'autres grimpent en enveloppant les troncs voisins; des lianes de rotin descendent des arbres, se tordent sur le sol, remontent en dessins capricieux; et deci delà un latanier épanouit les énormes éventails de ses feuilles barrant la route et la vue. Telle apparaît la forêt vierge dont ici, bien qu'elle s'étende sur deux cents kilomètres en longueur et quarante en profondeur, il n'y a qu'une miniature, et qui, dans les hautes régions du Tonkin, en Cochinchine, au Cambodge, prend un caractère de grandeur incroyable.

Je reviens à pied. Je traverse la rivière dans un essaim de libellules gigantesques vertes, roses, bleues, jaunes, rouge et noir, et par la route je sors de la forêt au milieu d'un monde de papillons beaucoup plus grand que la main qu'on prend pour des oiseaux et qui offrent toute la gamme des bleus, des violets, des bruns tachetés, des jaunes clairs. A travers des champs de cannes à sucre si semblables à nos maïs et des éminences ensoleillées où s'étalent des cultures d'ananas, je reviens vers la colline dénudée et vers les rizières où paissent les buffles et je me dirige vers le village.

En route, je croise des groupes d'hommes nouveaux, vêtus de couleurs plus riantes que les Annamites, d'une étoffe bleu foncé avec des broderies blanches et rouges qui rappellent les broderies russes : ils sont petits, trapus, bien assis sur de fortes jambes courtes; la face large, le nez épaté, ils ont une physionomie mongolique très accentuée et me rappellent les bigoudins du pays de Pont-Labbé. Ils me saluent d'une série d'inclinaisons en me contemplant d'un air effrayé et sauvage. Ce sont des Mans, une tribu de la montagne, ils regagnent leur village, leur marché fait. Dans leurs vallées ils demeurent indépendants, non de nous qui les utilisons comme milice accessoire, mais des Annamites avec lesquels ils ne se croisent pas et auxquels ils font peur. De nombreuses tribus analogues habitent les montagnes qui enserrent la plaine et gardent des mœurs et un costume spéciaux.

Mais la pagode que signale son bouquet d'arbres se rapproche, je la contourne et me voici sur le chemin qui mène au village. A son entrée s'ouvre un large puits où les femmes viennent puiser l'eau dans d'énormes bidons d'essence, des touques vides qu'elles suspendent aux deux extrémités du bambou porteur. Comme aux abords de tous les puits du monde, elles se réunissent, bavardent et s'éloignent une à une, à regret, ployant sous le lourd fardeau. Je les suis et tout à coup, d'un coup d'œil au delà des haies, le village m'apparaît luxuriant de ses bambous, de ses grands bananiers au-dessus desquels les aréquiers balancent leurs palmes. Quelques petits champs de patates et de manioc séparent les cases dans l'enclos desquels pousse un petit jardin potager : choux, carottes, navets, raves comme chez nous. Les cases toutes en bambou, couvertes de chaumes de riz ou de feuilles de latanier, sont petites, sans étage, sans plancher que la terre battue; elles comportent généralement deux pièces, où le mobilier fait défaut; des lits de camp s'accotent aux murs, couverts de nattes où les hommes plus souvent que les femmes font la sieste en gardant les enfants. La cuisine est à l'extérieur et se fait rudimentairement sur des foyers de pierre ou des petits fourneaux. Des poules souvent très belles, des cochons noirs et blancs, et des petits chiens amusants, rageurs, qui déboulent comme de gros rats, entourent la maison. Tout cela n'a rien de caractéristique; mais plus loin la végétation devient plus dense et par un chemin tortueux, entre des haies de cactus et d'agaves, j'arrive à la mare boueuse autour de laquelle se groupent des habitations plus denses.

La mare, c'est le centre naturel de tout groupement annamite. Ce peuple a des instincts de canard, et lui qui craint la pluie, passe une bonne partie de sa journée dans l'eau. Vers la mare s'inclinent les habitations avec une avancée sur pilotis, les enfants y barbotent, les hommes et les femmes s'y lavent, la lessive s'y fait, on y puise de l'eau pour les usages domestiques et, sur ses bords, on satisfait avec une merveilleuse impudeur les plus intimes besoins; aussi cette eau brune est-elle essentiellement suspecte et deviendrait-elle très dangereuse si les cochons et les chiens ne se chargeaient pas d'un radical service de voirie; mais ces petits centres villageois sont délicieusement pittoresques, sous le ciel bleu reflété dans l'eau bourbeuse, enclos dans leurs bananiers, leurs lataniers, leurs bambous dont le feuillage touffu reluit au soleil et le peuple qui s'y agite semble heureux dans sa retraite, soustrait aux agitations de la vie.

La maison qui m'abrite à l'orée de la vallée est une solide maison européenne muni du confort moderne, mais entourée, précaution indispensable, d'une double enceinte de hauts bambous, car le tigre vient rôder chaque soir alentour. Sous la vérandah qui l'enveloppe, des lampes brûlent toute la nuit pour l'écarter, et il n'enlève guère que quelques chèvres ou quelques cochons rôdeurs, malgré son audace inouïe. Les moustiques sont plus dangereux : heureusement de gentis petits lézards noirs, les margouillats, qui gazouillent doucement, errent sans cesse, à l'affût sur leurs larges pattes, le long des murs des chambres, et happent le fâcheux anophèle d'un coup de langue aussi brusque que péremptoire : le premier effroi qu'ils causent par leur cohabitation familière se change bientôt en reconnaissance. Quelques gros cafards noirs qui errent sur les planchers sont plus répugnants ; mais les chats siamois, si caressants et si fidèles, se chargent d'en purger les habitations, si bien qu'en somme la vie ne diffère en rien, dans une maison confortable, de ce qu'elle est chez nous, surtout par ce temps d'hiver où nous sommes, avec des nuits fraîches, même froides et scintillantes, et des journées délicieusement ensoleillées.

Le jardin hivernal est cenpendant charmant. Des hibiscus l'enveloppent d'une haie, encore ornée de belles corolles roses ou rouges au centre desquelles pointe un long style élégant, des canas de toutes les couleurs poussent en abondance, un frangipanier aux branches rameuses terminées par des extrémités arrondies comme des doigts est bien dépouillé de ses feuilles, mais sur son bois gris poussent chaque matin des fleurs blanches au calice profond qui exhalent une pénétrante odeur de fleurs d'oranger; enfin des papayers, hauts de quatre à cinq mètres, à l'abri de leurs larges feuilles découpées comme celles des aralias, mûrissent des grappes de melons de la dimension des nôtres, dont la chair rose, d'une saveur un peu poivrée, aide merveilleusement la digestion. Plus loin le potager fournit tous nos légumes d'Europe: haricots verts, petits pois, radis qu'il est vraiment amusant de voir prospérer en plein décembre.

Je fais, à loisir, dans ce pays, connaissance avec les Annamites, marcheurs et coltineurs infatigables, bavards, joueurs et craintifs au point qu'un éclat de voix les épouvante et qu'une colère un peu violente les consterne. Ils prennent pour un aliéné celui qui s'y livre. De là vient leur respect pour le seigneur Tigre, le Onkop, dont la violence revêt pour eux un caractère sacré.

Une petite fille ramenant un buffle à l'étable ayant été happée et enlevée par le Tigre qui hantait nos parages, ses parents s'opposèrent à l'organisation d'une battue contre le fauve, celui-ci n'ayant à leurs yeux exercé qu'une vengeance légitime parce que la pauvre enfant avait, paraît-il, mal parlé de lui!

La chasse au tigre cependant est devenue facile et relativement peu périlleuse depuis l'emploi du photophore électrique que le chasseur fixe à son front. La lumière attire et hypnotise l'animal dont les yeux, flambant dans l'obscurité, forment une merveilleuse cible pour le chasseur. Seulement, les yeux de beaucoup d'animaux reluisent de même sous le faisceau lumineux du photophore et, pendant mon séjour un chasseur avait ainsi bravement tué un cheval !

Une rapide randonnée d'auto, vingt kilomètres entre des collines cahotiques, mangées de brousse sauvage, m'amène au chef-lieu de la province : Quang-Yen. Quelques kilomètres avant la ville, le paysage s'adoucit, les cultures réapparaissent : champs de cannes à sucre, d'ananas, de patates, d'arachides, de manioc surtout, petits arbustes annuels de deux à trois mètres de haut munis de feuilles étagées, profondément lobées, très semblables à celles de nos marronniers, et dont la racine noire et longue donnera notre tapioca ; puis, tout à coup, sur une éminence qui domine les branches d'un delta et la mer, une allée de pins merveilleux vous amène à la ville, composée surtout de maisons basses en brique crépie, d'autres, plus pauvres, faites de briques de boue ou de glaise séchée au soleil et des magasins chinois plus orgueilleux et presque européens. Plus loin un grand hôpital militaire, remarquablement aménagé, élève ses nombreux pavillons vides au milieu d'un parc admirable où toutes les essences du pays ont des représentants, dans l'enceinte de la vieille citadelle annamite aux hauts murs roses de brique, à la porte monumentale ornée de dragons.

Du haut de la citadelle on embrasse tout le pays : au nord, la chaîne des montagnes d'un bleu idéal et vaporeux; à l'ouest, un grand village catholique de six mille habitants avec six églises dont les clochers évoquent brusquement la France; tout près, à vos pieds, la Résidence dans un grand parc toute la ville française gaie, blanche, pimpante dans la verdure des jardins, et, au delà de quelques rizières vertes, la rivière immense et brune, bordée sur son autre rive par la chaîne découpée de ces roches calcaires que j'ai décrites; enfin, au sud, la mer s'étend, indécise, avec des aspects de lagune. Dans ce coin si attrayant, très sain, au climat délicieux, beaucoup de vieux colons viennent prendre leur retraite.

Quand je sors de la citadelle, s'avance lentement dans la rue un cortège funéraire : des drapeaux, des bannières, des croque-morts annamites avec une tenue dérivée de la nôtre : noire à galons d'argent, mais les pieds nus, la large culotte courte, la petite veste courte, le turban noir, puis un grand char pyramidal, artistiquement paré de toutes sortes de victuailles, surtout des légumes et des fruits, puis le char funéraire portant un cercueil tout petit, suivi de l'assistance recueillie en vêtements blancs de deuil.

On enterre deux fois les Annamites : une première fois dans un lieu quelconque, dans un cercueil léger, sans cérémonies excessives. Ils restent dans la terre quelques mois jusqu'à ce qu'ils soient réduits en poussière. Pendant ce temps, un géomancien, personnage très important, détermine par des procédés magiques le lieu le plus propice à la sépulture définitive, en indiquant l'orientation du cercueil. On procède alors à l'exhumation; on enferme les restes dans une petite boîte et on porte en grande cérémonie le mort à sa demeure définitive, dans son champ où un simple tertre le signale. Ce second enterrement est l'occasion d'une grande réunion, et le char de victuailles, offertes d'abord à l'esprit du défunt, servira à confectionner le repas funèbre, gai comme ceux des campagnes de chez nous.

La Résidence, ou plutôt les Résidents, M. et Mme Bronie, m'ont laissé le plus agréable souvenir. Anciens Tonkinois, attachés au pays, ils ont gardé toute la grâce française, simple, accueillante, intelligente. En leur compagnie, j'ai goûté des heures charmantes et instructives. Je leur dois l'initiation la plus succulente à la cuisine tonkinoise, à son riz épicé, à son poisson sec, à la sauce de poisson, aux savoureux ailerons de requin et à l'alcool de riz. Cuisine de mandarin très remarquable, elle me changeait beaucoup des curiosités gastronomiques douteuses auxquelles je m'étais hasardé, le long des routes, dans les échoppes des restaurateurs populaires.

A Quang-Yen, je viens prendre le bateau pour

Minikoi, situé aux frontières de la Chine, à l'extrême nord-est du Tonkin. Ce bateau est une grande chaloupe des messageries fluviales qui vient de Haïphong et fait trois fois par semaine le service; je l'attends à l'appontement grouillant de foule indigène; elle arrive de la mer, pénètre dans le canal qu'elle fait largement onduler de ses aubes, et c'est une vraie ruée vers l'entrepont à jour, au ras de l'eau, où se tassent déjà, en groupes variés, contre leurs ballots, Annamites et Chinois assis sur leurs talons, mangeant, chiquant le bétel, arrosant le sol de leurs jets rouges. Tant bien que mal, chacun conquiert une place, tandis que je monte sur le pont supérieur où des cabines blanches, très propres et confortables, m'offrent une couchette aussi bonne que sur un grand paquebot. Pendant des kilomètres, nous longeons un large canal, bordé de ces palétuviers bas, aux racines immenses et serpentines, qui consolident la côte tonkinoise et lui permettent de gagner peu à peu sur la lagune. Quang-Yen diminue, les montagnes s'estompent; mais nous croisons sans cesse des jonques, des sampans, des chaloupes à vapeur, des barques de pêcheurs; la vie intense du Tonkin continue sur l'eau calme et mélancolique et nous approchons assez vite des premiers rochers de la baie d'Along. Le canal s'élargit, débouche dans la mer et nous voici devant une longue île, l'île de Cat-Ba, aux plages sablonneuses, sur laquelle se dresse une chaîne continue, calcaire, affouillée, découpée, aux parois abruptes couvertes de quelques pins tordus, de quelques cyprès, de cette flore de phénix, de dracenas, de fougères, de lianes, de broméliacées qui tapissent les roches de tout ce pays ; quelques vallées étroites, vertes et sauvages, s'ouvrent de-ci, de-là, des cases éparses de pêcheurs animent seules ce pays, idéal repaire de pirates et de bandits, paradis des hordes de singes. Mais à la pointe nord de l'île, la chaloupe vire, quitte la lagune, pointe dans l'eau profonde, verte, transparente et pénètre parmi les roches de la baie d'Along.

Alors la surprise commence et l'enchantement opère peu à peu.

De tous côtés, des pics se dressent, abrupts, du sein des eaux. C'est d'abord une évocation de la Bretagne, Camaret, le Tas-de-Pois ou les Sept-Iles, mais bientôt les souvenirs s'effacent, ce qui est devant nos yeux les dépasse infiniment. La chaloupe a doublé la première roche, contourné entièrement l'île de Cat-Ba et de tout côtés, nous sommes entourés de grands fantômes de pierre, élancés ou allongés, accouplés ou distants, dont l'ensemble forme comme une grande théorie de moines capuchonnés émergeant des eaux : mais chacune de ces roches affecte une forme différente, varie selon la face où on la regarde, se découpe en profils imprévus, se creuse de sculptures étranges, de grottes marines au ras de l'eau et de la tête au pied, le long des parois abruptes ruisselle de verdure jusqu'au miroir calme de l'eau qui la reflète étrangement, rétrécissant ou allongeant son aspect.

Voici une muraille infranchissable qui tout à coup s'entr'ouvre et révèle un grand lac mystérieux, de toutes parts cerné d'aiguilles élancées, de monstres massifs et tortueux, puis une grande échappée de vue montre la mer libre, jalonnée jusqu'à l'horizon de colosses régulièrement espacés. De temps en temps, au pied d'une grotte, une petite plage de sable fin dort sous la menace de la roche et l'eau calme, sans une ride, pleine de reflets et de visions, sommeille, insinuante et traîtresse, aux pieds des monstres silencieux dont cinq mille la parsèment. Dans le ciel voilé, un peu gris, les lueurs du coucher de soleil s'allument et viennent peu à peu incendier le flot, mettre des reflets aux angles des roches, transformer magnifiquement ce paysage poignant et nostalgique. Alors, sur la mer rougie miraculeusement, les roches assombries découpent sur un ciel jaune et mauve, avec des bandes délicatement vertes, de gigantesques, d'hallucinantes silhouettes noires; et la vision finit dans un cauchemar gris quand la cendre du crépuscule vient noyer les contours en les enveloppant d'une atmosphère floue.

La nuit tombait, les lumières des mines d'Honghaï commençaient à briller au ras de l'eau, au pied de la montagne; et le rêve semblait terminé, quand après l'escale d'Honghaï, nous pénétrâmes dans la baie de Faïtzilong, presqu'aussi belle que celle d'Along. Dans le ciel rasséréné, un croissant de lune apparaissait et parmi des roches, plus hautes encore, la chaloupe se faufilait dans un paysage véritablement dantesque par endroits, en d'autres, irréel, d'une poésie infinie et silencieuse : de grandes conques d'argent, frisselantes à peine, encadrées de rochers hérissés baignés et comme cristallisées de lumière. Je ne pouvais m'arracher à ce spectacle, malgré la fraîcheur nocturne et je remettais sans cesse l'heure du dîner, quand, tout à coup, tandis que nous longions une roche plus massive que les autres, en un instant, une écharpe légère voila la lune, et la brume opaque envahit la mer. Un coup de sirène, un commandement, le grincement d'une chaîne : on jetait l'ancre : nous étions condamnée à passer la nuit, immobiles, privés de tout guide, dans ces passes étroites. Je dînai et m'endormis profondément. Quand je me réveillai, le bateau marchait tout doucement au milieu des appels de sirène. Par le hublot, une côte voisine, couverte de forêts humides, apparaissait et, parmi les bancs de brume traînant sur la mer, la silhouette d'un sampan surgissait tout à coup, puis s'effaçait. Je prends ma douche sans hâte, j'achève ma toilette et je monte sur le pont où j'apprends un retard de plusieurs heures auquel je m'attendais. Nous longeons l'île de Kebao où apparaissent des installations miniè-

res et quelques maisons blanches noyées dans l:
verdure; nous ne serons pas à l'étape avant le
milieu de la journée. Après l'escale de Pointe-
Pagode, où les indigènes de l'entrepont, engourdis de froid, se réveillent bruyamment, nous entrons dans un vrai chenal, formé d'un côté par la
terre et de l'autre par les longues îles du grand
Singe, de Châteaurenault, de Kersaint, qui se succèdent d'affilée jusqu'à la côte de Chine; îles presque désertes, couvertes de brousse et de forêts
d'un vert éclatant par cet humide matin où la
brume se dissipe lentement. Tout est apaisé, frais,
enveloppé comme par un matin de septembre;
dans la mer immobile, transparente, d'un vert de
jade, d'immenses poulpes opalins laissent flotter
leurs tentacules roses; un rayon de soleil pâle,
de loin en loin, met une tache lumineuse sur le
miroir de l'eau. Mais voici que le chenal s'élargit
en une baie immense au fond de laquelle une
plaine riante apparaît au pied d'un haut rempart
de montagnes bleues; et dans cette baie se profile étrange, perdue, une île ronde, dominée par
un cône central aux pentes douces, l'île du Cha-
peau-Chinois, qui en a exactement la forme. C'est
notre prochaine escale qui semble toute proche et
que nous mettons cependant plus d'une heure à
atteindre en forçant la vapeur, car il importe de
se hâter, le débarquement à Minikoï étant presque
impossible à marée basse. L'île dépassée, la baie
s'élargit encore; les montagnes plus proches, où

s'effilochent les derniers nuages, grimpent vers le
ciel, les grèves peu à peu découvrent leurs immenses étendues de sable fauve et je contemple, sans
me lasser, un des plus grands paysages qu'il m'ait
été donné de voir. La mer au loin n'est plus qu'un
immense miroir gris perle, imobile au point que
jusqu'à l'horizon les ondulations de nos aubes se
propagent en dessinant des nœuds et des ventres
parfaits. Le ciel tout entier forme un plafond
d'un gris lumineux plus pâle encore, d'où s'échappent de grandes nappes de rayons obliques; au
loin, les montagnes nous enveloppent d'un cercle
gris bleuté que continue peu à peu le gris sombre
des dernières nuées; le ciel, la mer, la montagne
se confondent dans la plus délicate harmonie de
gris sur un espace immense, comme dans une fresque au camaïeu où, seules, de formidables grèves
jettent des notes d'un jaune délavé. C'est ainsi
que me sont apparues les premières montagnes
de Chine surplombant la lagune infinie où les
jonques massives déployaient de toutes parts les
larges ailes de leurs voiles. Nous voici cependant au terme du voyage, nous jetons l'ancre près
d'un petit îlot rocheux, l'îlot de l'Aréquier, distant de plusieurs kilomètres de Minikoï, notre ob-
jectif, qui dresse son éminence au milieu des grèves
découvertes. Il nous faut, pour l'atteindre, plus
d'une heure et demie de navigation en sampan
au prix d'échouages nombreux et d'un abordage
où je dois me mettre dans l'eau jusqu'aux cuis-

ses, sans rien regretter d'un voyage si aventureux.

Minokoï n'est qu'un poste de douane et un fortin perchés sur un rocher couvert de verdure; j'y trouve une charrette anglaise, attelée d'un très fougueux petit cheval chinois, envoyée à mon intention, avec un boy, par le résident militaire, dont je dois être l'hôte à Moncay, mon dernier but, situé à quinze kilomètres d'ici. Randonnée pittoresque où je conduis moi-même ce cheval vif, inconnu, parmi des ornières profondes, puis dans le sable qui nous enlise, puis sur des bacs dont la rampe est si abrupte et glissante qu'il faut dételer, enfin dans une plaine fertile, admirablement cultivée à la chinoise, parmi des villages chrétiens, dominés de leurs clochers, très propres et attrayants sous le dôme de leurs grands letchiers, — un très bel arbre qui donne un bon fruit. Au pied d'une éminence ceinturée de remparts, après avoir dépassé un cimetière militaire touchant qui raconte la conquête, Moncay montre ses jolies maisons blanches enfouies dans la verdure. C'est le dernier poste français, situé à l'extrême frontière, dans la boucle d'une rivière qui, seule, le sépare de la Chine, c'est la pointe de mon voyage sur notre territoire, et c'est déjà une ville plus qu'à moitié chinoise que je décris, en un autre chapitre, avec les monuments de sa congrégation chinoise, son théâtre chinois, ses grandes fabriques de porcelaine chinoise.

Une belle résidence enveloppée d'un joli jardin, un hôpital très bien tenu par des infirmiers annamites que je rêverais de posséder à Paris; une poste, une douane, des villas confortables pour les officiers et les fonctionnaires, éparses parmi des jardins, un tennis, de belles allées ombragées de manguiers, de flamboyants et de lilas du Japon, garnies de haies d'hibiscus et de mimosas épineux à la senteur de violette : voilà la ville européenne, fournie d'eau limpide et parfaitement saine. Elle est dominée de quarante mètres par le fort, dont les canons regardent la Chine, voisine de cinq cents mètres. Du haut de l'esplanade du fort, la vue est immense et grandiose. La rivière très large à marée haute, encaissée et torrentueuse à marée basse, enveloppe la ville d'une large boucle, au delà de laquelle se niche, tassée, surmontée de tours carrées, la ville chinoise de Tongkin, vers le nord. Au delà de la rivière se dressent, en demi-cercle, de hautes montagnes dénudées et découpées, mauves, roses, vertes; en leur tournant le dos, la vue embrasse au sud une immense plaine qui se confond au loin avec la mer et où, seul, minuscule, s'érige le promontoire de Minikoï. Dans cette plaine se traînent les bras d'un delta. Tout cela est grand, lointain, étranger même au Tonkin, et les sonneries de nos clairons prennent dans ce paysage, sur ces confins, une signification poignante, mâle et un peu nostalgique.

Après une courte pointe en Chine, je suis reparti

de là un matin limpide, à marée haute, sur la chaloupe du résident, M. le colonel Barrau, mon hôte délicieux ; et, sur le fleuve immense, bordé de bambous, de cactus et de bananiers, au pied des monts dentelés de Chine, au milieu des jonques et des sampans, j'ai goûté une impression large d'aventure et d'indépendance et aussi de fierté nationale.

Pourquoi décrire le retour vers Haïphong par une identique chaloupe ? Seule la baie de Minikoï était différente, mais aussi grandiose qu'à l'arrivée sous un coucher de soleil un peu nuageux, où le paysage que j'avais vu gris offrait toutes les harmonies du jaune et de l'or. Quang-Yen, Uongbi, des paysages déjà familiers qui reparaissent : demain je repartirai vers Hanoï et d'autres impressions.

Le voyage vers Hanoï ne mérite pas une description. Pendant cent vingt kilomètres, l'auto roule entre les rizières, traverse des bacs, la petite ville de Haïduong pleine de commerce et d'industries annamites et européennes et, par un paysage monotone, arrive en face de Hanoï, sur la rive gauche du Fleuve rouge où des faubourgs déjà se pressent sans caractère spécial. Après avoir gravi une rampe serpentine et raide derrière le talus très élevé du fleuve, celui-ci se découvre tout à coup dans toute sa majesté et au delà de lui, une très grande ville s'étale : Hanoï.

Le fleuve enjambé par un merveilleux pont de fer, le pont Doumer, mesure en ce point 1.700 mètres de large, c'est-à-dire presque la longueur du canal de Versailles. Sous un ciel vaporeux, encadrée de rizières d'un vert tendre, étalées jusqu'à l'horizon, dans la plaine absolument plate, cette masse d'eau roulant des flots troubles est véritablement rouge, d'un rouge ocreux, qui augmente l'impression de surprise et de grandeur qui vous saisit. Le pont qui la traverse semble indéfini. Il est commun au chemin de fer dont la voie dessine son axe et aux voitures qui empruntent deux couloirs latéraux avec trottoirs et places de garage pour les pousse-pousse dont la nuée le sillonne du matin au soir. Avec sa série de fermes métalliques en arcade, son très large tablier, il est véritablement imposant et fait grand honneur à la France. Je le traverse à pied lentement pour jouir du spectacle. Il enjambe d'abord un petit bras large comme la Loire, s'appuie sur une île longue et étroite pleine d'arbres et de jardins et traverse, d'un seul jet d'un kilomètre, le grand bras où la vue, très loin, s'étend librement en amont et en aval. Combien ce fleuve rapide est vivant, sillonné partout et sans cesse de barques, de chalands, de sampans, de jonques, de canots automobiles, de chaloupes à vapeur, charriant des troncs d'arbre, des branches feuillues et d'immenses trains de bambous descendant de la haute région, comme les trains de bois du Rhin; seulement, sur ces trains de bambous, s'élèvent de vrais villages de quinze et vingt cases de bambous et leur plancher porte un peuple de femmes, d'enfants, de rameurs qui les dirigent à la godille. Malgré leurs dimensions énormes, ils semblent des joujoux sur le large fleuve et, rangés le long de la berge, ils paraissent continuer la terre qu'ils abordent dans les environs du village lacustre qui longe, très loin, le fleuve vers l'amont. Les talus abrupts, rouges et jaunes, le fleuve ocreux, les cases tassées sur pilotis ou sur les trains de bambous, le grouillement des coolies, des enfants, des femmes porteuses coiffées de leur large galette, tout cela, du haut du pont, est fin, menu, parfaitement exotique, et semble dessiné à l'encre par un pinceau japonais. Cependant en aval, les appontements, les docks, les grues, les accumulations de ballots sur les quais, les coltineurs, tout est européen, entièrement moderne, et le contraste est saisissant.

Une rampe en colimaçon descend du pont et nous voici dans la ville sur le quai Clémenceau, noirâtre de charbon, poussiéreux ou boueux, bordé des boutiques des compagnies de navigation, des affréteurs, des échoppes de restaurateurs annamites, des marchands de vin français, offrant cet aspect de labeur, de misère et d'abandon que comporte infailliblement un port.

Une rapide traversée de la partie la plus minable du quartier annamite occupé par les industries qui s'alimentent du fleuve, le bois, le charbon, le riz, nous ramène tout à coup sur les bords d'un adorable lac autour de laquelle s'érige la ville française.

Le Petit Lac, ovale, long de trois à quatre cents mètres, large de cent cinquante, étale ses eaux dormantes, épaisses et vertes, d'un véritable vert de jade, dans une ceinture de très beaux et grands arbres, des manguiers, des ficus, des banians, des letchiers, dont les racines envahissent la berge, plongent dans la nappe des eaux; de grands lotus blancs et roses en émergent, leurs feuilles somptueuses, à une de ses extrémités, le tapissent d'une toison continue tout autour d'une petite île, reliée à la terre par une passerelle de bambous en dos d'âne, toute cernée de haies d'hibiscus et dominée par d'admirables banians à l'ombre desquels se cache une pagode blanche. Sur un autre îlot, une petite tour annamite, un pilastre sacré, une stupa plutôt, s'élève au milieu des eaux. Le lac poétique et religieux est entouré de pelouses vertes, d'allées soignées, de massifs de bambous. Au nord, la ville annamite vient y mourir; au sud, largement dessinée, la ville française étend ses rues larges, ses amples avenues ombreuses, ses squares prolifiques où éclate la fécondité de cette terre. Le soir, le petit lac est le centre de toute l'activité, la rue commerçante y débouche, le grand magasin de nouveautés, le pâtissier, le libraire y confinent et de toutes parts y affluent les pousse, chargés de femmes élégantes, d'une élégance souvent excessive et criarde, qui se toisent et se comparent, sollicitant les regards et les hommages des mâles, colons, fonctionnaires, officiers dont ce lieu est l'observatoire et le rendez-vous. Quand le soleil tombe, que le lac rosit, que le ciel s'embrase des derniers feux, que les globes électriques s'allument entre les arbres, que les marchandes de fleurs au panier débitent leurs roses, leurs œillets, leurs giroflées et leurs violettes, l'animation de la ville en ce coin est charmante et donne l'illusion d'une concorde heureuse entre tous les Français.... Malheureusement Hanoï est une grande préfecture de province et les langues y sont chargées de venin tropical.

Autour de ce centre, Hanoï irradie. La grande rue qui passe devant le lac aboutit dans un sens à un beau théâtre neuf, derrière lequel se groupent, dans de délicieux jardins, les services civils et militaires, et se dirige dans l'autre sens vers les archives, l'hôpital, la citadelle, la résidence générale, le lycée, le jardin zoologique. Croisant à angle droit cette artère principale le boulevard Courbet abrite le grand hôtel; les résidences régionales et d'autres boulevards s'entent sur elle, dessinant le grand damier de la ville, tout entière faite de très beaux jardins et de jolies villas. Ainsi composée, Hanoï est une belle capitale, d'un aspect très agréable mais un peu mélancolique, car son activité n'est pas proportionnée à ses dimensions; l'essor économique y est relativement faible, les fonctionnaires formant le fond de la population française; aussi le soir les grandes chaussées ombreuses où les arbres empêchent la diffusion de la lumière ont-elles une apparence désertique et triste, en dépit de leur réelle beauté.

La ville commerçante annamite dont la rue principale, la rue de la Soie, naît à l'extrémité nord-ouest du lac, rachète cette impression de solitude; les petites boutiques juxtaposées au seuil desquelles le métier s'exerce sur la chaussée, offrent les spectacles les plus variés : après les brodeurs attentifs et minutieux de la rue de la Soie où chatoient des étoffes délicieuses, la rue des Cantonnais étale les richesses chinoises. Tout à côté, dans la rue de la Laque, les plateaux, les boîtes et les meubles allument de reflets rouges et or le fond des étroits compartiments et la rue des Vieilles-Tasses, voit s'empiler dans des boutiques contigues les tasses, les bols, les vases bleus et blancs qu'on aimerait voir sur sa table. Dans une autre rue les cuivres flambent, tandis que, de toutes parts, retentit le bruit du martelage. La rue des Menuisiers exhale une odeur de vanille et de santal que projettent tous les établis grinçants en plein vent.

L'activité, le travail, l'ingéniosité et la tradition locale vous enveloppent de toutes parts dans ces rues fourmillantes d'une foule pittoresque et tout annamite où les chapeaux plats des femmes se mêlent aux chapeaux coniques des hommes en une mascarade amusante.

Toutes ces rues convergent vers un grand mar-

ché, moins clair et moins grand que celui de Haïphong, mais où l'on vend, parmi les curiosités
locales, de très amusants oiseaux taillés dans la
corne des buffles et qui semblent naturellement
posés sur leurs pattes. Au-delà du marché se
dresse le carré de l'ancienne citadelle avec ses
hauts murs qui ne cachent plus nul mystère, et un
peu plus loin le quartier froid, désertique, à peine
bâti, de la résidence générale qui est orgueilleuse
et hostile, du lycée admirablement compris, et du
jardin zoologique charmant, mais trop distant du
centre et comme abandonné. Le grand lac, heureusement, vient parer cette solitude officielle.
Long de plus de cinq kilomètres, large de plus
de trois, entouré de verdure profuse, de villages
annamites, coupé en deux par une chaussée qui
permet de le traverser et en isole une partie plus
petite et pimpante bordée des villas françaises et
des maisons de riches Annamites qui s'y mirent,
ce lac qu'une seule levée sépare du fleuve Rouge
dont il dérive souterrainement, varie sans cesse
d'aspects, selon l'heure, le ciel et la lumière, et
recèle sur ses bords de nombreuses pagodes, monuments religieux qui sont la parure de Hanoï.

La pagode du grand Bouddha est la plus acha-
landée, mais non la plus belle, avec son portail
orné d'une statue de bronze, sa cours carrée plantée de manguiers, ses stupas octogonales, son
vestibule orné de quatre autels superposés, laqués
de rouge et dorés, son sanctuaire sombre où dans

l'obscurité s'élève sur un haut socle la statue de bronze antique du Génie, du Guerrier sombre. Tout cela est pour nous conventionnel, sans chaleur et somme toute sans grand intérêt artistique.

C'est à la pagode des Corbeaux que j'ai retrouvé l'émotion. Cette pagode avec ses sept cours successives, aux vieux pavements de céramique, avec ses splendides manguiers couverts d'une nuée de corbeaux, offre à la fois un aspect agreste et vétuste et de délicieux monuments successifs dans une enceinte close, pleine de bonzes méditatifs dans leur robe d'un jaune soufré. Ses portes, ses stupas éparses dans les grandes cours closes et vides, sa fontaine, son tertre couronné de grands arbres, le kiosque à étages ajourés de la Littérature, le sanctuaire enfin, assis sur ses énormes piliers de bois doré et surmonté d'un toit cornu aux vieilles tuiles vernissées, forment un ensemble caractéristique, qui garde la patine des siècles. Des enfants, élèves bonzes, pleins d'espièglerie, me guidaient en me pressant, car l'heure était venue de fermer les portes, et je n'ai eu qu'une vision courte mais puissante de l'intérieur de ce temple de laque rouge dorée, de ces autels dorés, avec leur brûle-parfum, leurs candélabres, devant lequel des grues montées sur de puissantes tortues dressent leur col. J'ai visité beaucoup d'autres pagodes moins belles, mais plus recueillies sous leur vieux toit fléchissant. Leur avant-cour, sorte d'esplanade d'où l'on embrasse le grand lac, est ornée de deux frangipaniers rameux qui semblent les images naturelles des mains multiples de Vichnou et de merveilleux banians aux troncs innombrables. On goûte dans ces lieux déserts et charmants un calme profond.

Tout au bout du lac, le village du Papier offre la plus synthétique image que j'ai vue de la vie intime des Annamites. En partie clos d'une enceinte de briques et d'un fossé bourbeux qu'enjambent de petits ponts en dos d'âne, le village n'est qu'un immense et luxuriant bosquet de bambous, de palmiers et de bananiers, où serpentent des sentiers humides parfois pavés de briques gluantes.

Sur une petite place perdue dans la verdure où se dressent quelques échopes de restaurateurs, une foule d'Annamites joue, mange et bavarde. Le jeu est la grande affaire : Un croupier agite des jetons dans une boîte qu'il ouvre ensuite et dont il projette sur un tapis le contenu révélateur, au milieu de l'anxiété générale des joueurs, accroupis sur leurs talons, autour d'un tableau de ponte. Jusqu'au dernier sapèque les joueurs tentent la chance. Je les laisse à leur inlassable passion et je m'enfonce plus loin. Des mares se succèdent sous la voûte des arbres dans l'ombre verte traversée des rais de soleil, de splendides lataniers étalent leurs éventails de palmes sur leurs bords fangeux, abritent la case classique qui empiète sur l'eau par des estacades de bambous et chacune de ces mares semble un monde clos où se rencontre l'humble vie de la famille. Après mille détours, où je me heurte à des clôtures de bambous au fond de culs-de-sac imprévus, j'arrive à une rue à peu près régulière qui présente des tronçons de chaussées de briques, séparés par des fondrières, et le long de cette rue qui aboutit à la route, dans des maisons de boue séchée, s'ouvrent quelques pauvres boutiques. d'épicerie et de comestibles.

De Hanoï à Vinh, le lendemain, partant vers l'Annam par le chemin de fer, je traverse le sud du Tonkin, immense rizière monotone que je contemple désormais avec l'indifférence où vous laisse un pays familier. A l'infini, la plaine verdoie du jeune riz noyé d'eau. Quelques carrés cependant retardent, et les indigènes s'emploient à les inonder et à les planter, actes que j'ai vu tant de fois accomplir et dont le rite est fixé par des habitudes séculaires. Aux confins de deux rizières, sur la levée qui les sépare, un trépied de trois mètres de haut est fixé; de son centre pend une corde qui s'attache à une sorte de large cuiller à l'union du manche et de la large poche de toile qui constitue sa cavité. D'un geste rythmique, un indigène, homme ou femme, plonge le bec de la cuiller dans la rizière inondée, l'élève et la déverse dans le carré sec, travail énorme et indéfini. C'est par ce procédé primitif qui nécessite une formidable main-d'œuvre que la plaine entière est aspergée.

La rizière couverte d'une nappe d'eau et labourée lentement avec la charrue primitive que j'ai décrite, par un homme qui avance lentement dans la boue jusqu'aux cuisses, derrière son buffle, pataugeant, est livrée, à ce moment, aux piqueuses de riz qui, selon la tradition, ne doivent planter qu'au milieu du jour, sous le soleil à son zénith.

La taille ceinte de leurs paquets de touffes de riz, pris à la pépinière communale, elles envahissent le champ par bandes et, dans l'eau jusqu'au ventre, accroupies et fangeuses, de l'index elles creusent un trou, y font pénétrer le jeune plant, le maçonnent sous l'eau et passent au suivant, exécutant ce travail pénible avec tant d'adresse que les files de riz repiqué s'allongent avec une incroyable rapidité dans un espacement et une rectitude surprenante de régularité.

Là où s'exécute ce travail la plaine entière fourmille d'êtres humains, de femmes aussi gaies, aussi pleines de lazzis pour le passant que nos vendangeuses à la besogne. Le leur cependant est plus pénible : la piqueuse de riz est au dernier rang de l'échelle sociale, mais il lui arrive, comme à nos bergères de jadis, de tenter le Prince Charmant, et cet espoir lui fait accomplir gaiement la besogne.

Tandis que le train fuit, je contemple ces derniers tableaux de mœurs, je vois passer une grande ville, Nam Dinh, et enfin surgir, un peu avant Tanhoa, de la plaine plate, la fantaisie de roches calcaires semblables à celles de Phil-yet. A leur pied, le train franchit une large rivière sur un beau pont de fer et s'arrête près d'une petite ville industrielle qui semble prospère. Dans le lointain ouest, le contour des montagnes réapparaît et la plaine s'étrangle entre la chaîne annamitique qui file vers le sud et la mer qui se rapproche, ébauchant le long couloir de la plaine d'Annam : les rizières alternent avec des landes fleuries, quelques âpres rochers se dressent, variant le paysage, et dans cette succession de landes, de roches et de rizières, la voie ferrée vient se terminer à Vinh, au pied de la montagne.

ANNAM

Vinh et Benthuy, qui lui est contigu, forment ensemble, après la ville frontière de Tanhoa, la première agglomération importante de l'Annam. Le climat est plus chaud; nous avons traversé un sol plus accidenté et plus varié, des cultures de lataniers, des prairies où paissent des bœufs dans un encadrement de petites montagnes boisées, nous sommes maintenant au centre d'une plaine cultivée où les habitants paraissent plus riches, où le bambou fait place à des haies d'ananas sauvages, où de petits mûriers proclament la présence du ver à soie. De longues allées de filaos mettent dans le paysage une note nouvelle. Grands, élancés, ils laissent retomber de leurs branches, chargées d'une verdure sombre, frisselante, un peu funèbre, leurs grappes pendantes et légères qui vibrent mélancoliquement au vent; arbres graves qui évoquent nos conifères et contrastent avec les aspects de la sylve voisine. Ils prospèrent dans les dunes sablonneuses de la côte qu'ils vont bientôt fixer comme nos pins landais et transformer en nouvelle source de richesse. Homme et femmes plus soignés, moins bruyants que les Tonkinois, annoncent aussi un autre pays.

Une longue lisière de plaine, de mille kilomètres du nord au sud, de Vinh à Nhatrang, bordée à l'est des dunes maritimes de sable blanc comme de la neige, à l'ouest par le profil, proche ou lointain, toujours bleuâtre, de la chaîne annamitique, telle se présente la partie côtière de l'Annam que traverse la route mandarine sur laquelle je vais m'engager. Des chaînons sauvages, rocheux, abrupts, couverts de brousse ou de forêts, émis jusqu'à l'Océan par la chaîne annamitique, à la porte d'Annam, au col des Nuages, au sud de Quinhon, un peu avant Nhatrang viennent couper et compartimenter cette plaine. La route qui longuement y serpente est obligée alors, brusquement, d'escalader en les contournant ces éperons brefs qui composent avec la mer de Chine où ils s'enfoncent à pic, de grandioses et sublimes paysages, rompant heureusement la monotonie de trois randonnées d'auto de trois cents à trois cent cinquante kilomètres chacune, parmi des champs fertiles et riants, mais, sauf exception, peu variés.

Dans la vision charmante et confuse qu'on garde de cet admirable pays, la porte d'Annam, le col des Nuages, le cap Varellas et le délicieux Hué demeurent donc les repères lumineux qui seuls mériteraient une description, mais qu'il faut bien situer dans leur cadre dont le caractère, pas à pas, devient plus méridional, plus tropical.

Après un bref repos, nous quittons Vinh en pleine nuit à l'appel impérieux du klaxon de l'auto postale surchargée d'Annamites. Le ciel est resplendissant mais froid et, à peine traversée la longue rue du prospère Benthuy, nous voici arrêtés au bord de la rivière, du bras de mer plutôt qui l'arrose. Dans le grand silence, des bruits de rames, des crissements de chaîne, un murmure confus de voix endormies nous annonce notre transfert à bord d'un bac qui démarre lentement sur une large nappe noire piquée de quelques feux clignotants. Wattman et mariniers somnolent, les avirons battent l'eau d'une cadence si lente que l'aube blanchit déjà quand nous touchons l'autre rive pour nous engager aussitôt dans un pays mameloné, coupé de haies et de jardins qui exhalent des parfums délicieux dans la fraîcheur du matin.

Nous atteignons au soleil levant Hatinh, petite ville fortifiée, ceinte de murailles annamites, et gardée par une vieille citadelle aux toits cornus; puis nous traversons une autre plaine riante qui aboutit à la lande sablonneuse dominée par des dunes blanches. La montagne s'est rapprochée de nous, nous acculant à la mer, et tout à coup elle s'érige, surgissant devant nous et venant nous barrer la route.

De sa chaîne couverte de forêts sombres et grandioses, elle émet vers l'Océan une mince crête tout-à-fait abrupte qu'escalade, presqu'à pic, un sentier. Ce sentier aboutit à un petit monument chinois, inattendu dans cette solitude, une arche minuscule ouverte sur le ciel, la Porte d'Annam qui marque l'ancienne frontière de l'Empire. Notre route, par un vallonnement parallèle à la crête, grimpe pour la contourner plus haut, à sa racine, et lorsque nous atteignons celle-ci, l'auto stoppe un instant pour nous permettre d'embrasser le paysage, sauvage, inattendu, sublime. La crête étroite, couverte de brousse sauvage, que nous dominons maintenant, par larges ondulations va s'enfoncer dans la mer qui, devant nous, d'un seul coup, s'est déployée verte et fouettée d'écumes argentées, bordée à l'infini de dunes blanches comme la neige. Sur ce fond illimité la petite arche précieuse de la porte d'Annam apparaît comme une fantaisie invraisemblable, dans la conque immense de montagnes qui l'enveloppe et qui la surplombe, de ses roches abruptes, de sa brousse, de ses arbres tordus et, plus haut, de ses immenses forêts d'où ruissellent, avec un grand murmure d'eaux vives, des cascatelles de toutes parts.

Nous descendons vers la plaine par un autre vallonnement sur l'autre flanc de la crête frontière, les yeux éblouis de cette trop courte vision; et après avoir regagné la lande, puis des plaines fertiles et riantes serties de la montagne maintenant fuyante au lointain, nous arrivons pour déjeuner à Donghoï, petite ville ceinte du fossé vert et des briques roses d'une fortification annamite qui enclot quelques maisons et deux pagodes assez jolies.

D'autres bacs, d'autres landes, d'autres plaines

fertiles, profilées du contour bleu plus ou moins lointains de la chaîne annamitique, nous mènent au crépuscule jusqu'aux terres rouges de Quangtri, fertiles et couvertes de fleurs.

Dans la nuit le chemin de fer nous emporte vers Hué après une dure journée de voyage.

Hué

Quel réveil incomparable m'attend à Hué! Un ciel de satin bleu pénétré de lumière sur lequel, largement, se balance une palme, devant ma fenêtre ouverte, une rue rose, propre et vivante, un fleuve immense enjambé par un grand pont grouillant d'une foule colorée.

J'ai hâte de prendre possession de tout cela après avoir secoué ma lassitude sous une douche vivifiante et je vais tout droit à la rivière.

Au milieu du pont je subis sans hâte l'enchantement. Immense, plus large que le Rhin, la Rivière des Parfums coule, animée d'embarcations de toutes sortes, dans une atmosphère lumineuse et transparente, entre deux rives chargées de verdure jusqu'à la montagne lointaine dont le contour harmonieux, d'un bleu très tendre, la domine. Le long de la rive droite, parmi d'incomparables jardins, la ville européenne égaille sur deux kilomètres les murs blancs de ses villas noyées de soleil. Au delà des arbres de la rive gauche se dressent, tout roses, les murs de vieilles briques de la citadelle annamitique, au-dessus desquels s'élèvent les toits cornus des palais lointains. Tout est volupté, surprise, révélation au sortir des indécisions et des brumes du delta tonkinois ; et le peuple lui-même, qui trottine sur les côtés du large pont, comme le ciel et le paysage semble sourire. Les femmes à l'expression plus avenante arborent des couleurs où le violet, le vert, et le rose se mêlent pour la joie des yeux.

Vers l'aval, le fleuve s'écoule majestueusement dans la large plaine riante et cultivée, coupée d'une longue île couronnée de grands arbres à l'abri de laquelle s'accumule la nuée des jonques, des sampans et des chalands. De quelque côté que le regard se tourne, la vie, la clarté et la joie vous inondent d'impressions délicieuses.

Sans lassitude je m'attarderais en ce beau lieu ; mais je n'ai rien vu et tant de choses me sollicitent ! M'arrachant à la langueur heureuse, je hèle un pousse et je le dirige vers la citadelle.

Une allée de grand arbres l'enveloppe, doublée d'un large fossé plein d'eau lourde, d'un vert de jade : les plantes aquatiques y pullulent, les beaux lotus blancs et roses s'érigent au-dessus de leurs feuilles étalées, et les grenouilles y mènent un concert endiablé. Au delà du fossé, toute droite et très haute, dominée d'échauguettes et de créneaux, la muraille de brique se dresse formant un carré de deux kilomètres de côté, rose et dorée, reflétant le chatoiement des eaux du fossé, coupée de loin en loin d'une porte surmontée du dragon menaçant où accède un pont levis.

Par l'un d'eux je pénètre dans l'enceinte. Au fond d'un joli jardin fait de pelouses éparses ornées de plantes et de fleurs et coupé d'allées, un long bâtiment sans étages, précédé d'une vérandah, dominé d'un toit cornu de tuiles vernissées, s'ouvre largement : c'est le musée, très soigné, bien ordonné, plein des souvenirs du vieil Annam. Il me retient davantage par sa fraîcheur et son aspect d'ensemble que par son détail. J'y trouve peu de révélations dans ses bronzes, ses ivoires, ses broderies, son mobilier : il y a là plus d'objets chinois que spécifiquement annamites; et je le quitte avec la hâte de m'emplir à nouveau les yeux du spectacle vivant.

Je passe rapidement dans l'enceinte du Palais Royal qui m'est fermé à cause du départ de l'empereur, ce même jour, pour la France. Il s'élève dans une grande aire gazonnée, d'une somptuosité modérée, d'un style annamite très pur, groupant autour de lui les ministères plus humbles d'un style identique. Je m'attarde peu devant ces monuments, hélas, clos; mais je m'arrête enchanté devant les antiques bains royaux.

Au bout d'un étang serti de hauts bambous et d'hibiscus fleuris, s'avance sur l'eau, un pavillon bas, allongé, délicieux, de laque rouge et dorée, couvert de tuiles vertes qui semble dormir comme dans un conte de fées près de la nappe immobile, peu à peu envahie par les lotus. La laque rouge et les tuiles ont perdu leur éclat ; leurs tons passés, se marient à merveille à la végétation envahissante, et prennent sous le grand soleil je ne sais quelle air émouvant de mélancolie.

Au jardin royal, je retrouve cette mélancolie. Essentiellement il se compose de deux grands étangs somnolents, qu'une allée centrale sépare, que d'autres allées entourent. Les deux grands étangs, avec leurs îles couronnées de majestueux arbres à l'abri desquels dorment les kiosques clos, semblent mourir dans la verdure qui les enveloppe et les mange sous leur nappe de feuilles de lotus, et attendre une résurrection. L'exubérance tropicale confère très vite aux œuvres humaines, dès que la vie s'en est retirée, une majesté triste et poignante.

L'enceinte de la citadelle est véritablement immense. Outre les bâtiments royaux elle enclôt des villages, des champs, de belles allées droites, délicieusement ombragées de banians, de flamboyants, de lilas du Japon, qui mènent enfin à nos casernes contiguës à l'enceinte, dans la partie la plus éloignée de la rivière. Ces casernes ne sont nullement rébarbatives avec leurs bâtiments dispersés dans une grande cour ombragée de filaos et de flamboyants : la vie militaire semble s'y écouler doucement sans hâte, ni contrainte.

Un clairon sonne au sergent-major, et ses notes

de cuivre retentissent étrangement dans l'atmosphère exotique.

Par un chemin encaissé, bordé de cactus et d'aloès, nous sortons de la citadelle et nous traversons le quartier annamite pauvre et sans caractère.

Une population assez misérable y grouille, plus douce, plus silencieuse, plus polie que celle du Tonkin. Je retraverse la rivière et je profite de l'heure qui me reste avant le déjeuner pour parcourir le quartier français de la rive droite, admirer la longue et somptueuse avenue qui, sur deux kilomètres, jusqu'à la gare, borde le fleuve. Sur elle se branchent de larges rues, ombragées, prêtes pour les constructions nouvelles, préparant un quartier aussi élégant et aristocratique que ceux de Nice ou de Cannes. Dans quelques années Hué sera une de nos plus séduisantes villes coloniales.

Midi, le midi métallique, sans ombres, me surprend sur un banc du jardin public qui borde le fleuve, en avant la Résidence, méditant à l'abri d'un banian hérissé de racines adventices, devant de délicieuses fleurs inconnues.

Le déjeuner vite expédié, je monte dans une auto pour visiter les environs de la ville, les parcs funéraires des empereurs d'Annam. Ils occupent un large canton forestier situé au nord-ouest de la ville sur les bords de la rivière des Parfums. Celle-ci a six kilomètres en amont, fait un coude brusque à l'ouest, s'étrangle et s'enfonce dans une région vallonnée protégée au sud par une haute colline, « l'Ecran des vents » qui met à l'abri de toute agitation cette région de l'éternel repos.

Par des routes étroites et sablonneuses, dans un merveilleux fouillis de bananiers, de palmiers, entre des haies d'hibiscus fleuris abritant des cases indigènes et une pagode agreste, nous atteignons le coude de la rivière.

Là se dresse sur la rive opposée, sur un tertre une tour octogonale élevée, la tour de la Vieille Femme Céleste à laquelle on accède par un escalier parti du cours d'eau. Du haut de ce belvédère la vue est admirable. A mes pieds le fleuve s'étrangle et s'infléchit presque à angle droit. Devant moi, à ma gauche c'est une large et puissante nappe sur les bords de laquelle s'étale au loin la ville; à ma droite c'est une rivière étroite et poétique encaissée entre des mamelons boisés, tout agrestes et recueillis. Ces mamelons, sur l'autre rive du cours d'eau, ondulent en vagues de verdure peu à peu grandissantes vers une colline plus élevée au contour net et délicat, parsemée de pins qui enveloppe et protège cette région de mystère, l'Ecran des vents.

Ainsi orienté, je rejoins mon auto en retraversant la rivière. Revenant sur nos pas, par un chemin creux ombragé, nous arrivons à une vieille porte trouant un mur par où l'on pénètre dans la sépulture du Tu Duc.

Un chemin caillouteux, y dévale entre les

talus couverts d'arbres et m'amène à une esplanade dallée, en hémicycle, entourée d'orangers, de frangipaniers et d'arbustes en fleurs autour de laquelle s'ordonne la sépulture.

Devant elle, une large pièce d'eau en fer à cheval dort sous de splendides lotus, garnie de petits kiosques laqués et vétustes sur pilotis, enveloppée et isolée, comme sertie de hauts bambous et d'arbres somptueux, mystérieuse et recueillie.

En face de cet étang sacré de l'autre côté de l'esplanade se dresse un majestueux escalier très raide par lequel j'accède à une nouvelle plate-forme dallée, vraiment royale. Des chevaux, des tortues, des éléphants, des officiers de pierre, alignés à droite et à gauche y dessinent une singulière et ample avenue et m'orientent vers un portique harmonieux et sobre, un arc de triomphe de dimensions modérées. Sous ce portique central se dresse, seule, une grande stèle de pierre en forme de table de la Loi, sur laquelle, en très beaux caractères, sont gravés les hauts faits du souverain.

Cette esplanade silencieuse et peuplée d'étranges effigies est imposante et impressionnante infiniment dans ce cadre de nature composé qu'elle domine. A droite et à gauche d'elle, le terrain dévale, parsemé d'arbres entre lesquels apparaissent des kiosques épars et charmants où dorment du dernier sommeil les concubines et la mère de l'Empereur; à ses pieds l'étang immobile reflète l'admirable ciel vers lequel monte le parfum des fleurs.

Cette façon de concevoir le dernier asile, révèle une noblesse mélancolique, voluptueuse et grave qui me pénètre de respect et d'admiration.

Continuant à cheminer au delà de la stèle funéraire, je gravis quelques marches et sur une autre aire dallée une longue galerie vitrée et laquée, sur le toit de laquelle veillent des dragons, m'arrête.

Elle enferme l'autel des mânes royaux autour et en arrière duquel sont groupés tous les objets familiers du souverain.

De très vieilles femmes, cassées, souriantes et curieuses m'accueillent au seuil de cette galerie. Ce sont des concubines veuves et, après leur mort, des veuves de fonctionnaires qui remplissent, autour des mânes impériaux, un office de garde et de piété.

Elles préparent chaque jour le repas qu'elles offrent d'abord à l'Esprit royal et qu'elles mangent ensuite. Elles semblent des Parques insouciantes et gaies et s'harmonisent parfaitement avec le milieu qui les entoure.

Le musée des objets familiers qu'elles époussettent et conservent ferait la joie d'un antiquaire.

A côté de beaux vases, de curieuses porcelaines, de bronzes annamites et chinois et d'une série de menues choses insignifiantes, j'y relève tout un lot d'objets d'origine française ou anglaise qui portent la marque du second Empire et d'autres chargés du parfum de Louis Philippe, évocateurs des demeures grand'maternelles. Un délicieux service jaune dont le médaillon central représente Versailles et Paris, des vases sous globe à fond bleu et à filets dorés contenant des fleurs artificielles, quelle évocation inattendue et touchante du passé et de la patrie!

Un peu en retrait et au-dessus de cette galerie, au point le plus élevé et le plus lointain du parc funéraire qu'il domine, un mur sévère, le *mur précieux*, dessine une enceinte rectangulaire où s'enclosent isolées et contiguës, deux dalles funèbres, recouvrant les dépouilles de l'empereur et de l'impératrice.

Que de majesté sans ostentation dans cet ensemble! que l'ordonnance à la fois et de fantaisie dans ce parc funéraire noyé dans la nature, portant en lui, avec l'acceptation sereine de la mort, une poésie toute nouvelle!

Je le quitte lentement, comme à regret, remué par cette initiation et pressé par le temps. Je tiens à visiter la plus lointaine et la plus ancienne de ces sépultures, celle de Gialong, le grand empereur, le restaurateur qui, avec l'aide de Louis XVI, a reconquis son royaume et donné aux Français comme un titre d'introduction en Annam.

A travers les bois tantôt touffus, tantôt clairsemés, parmi lesquels, de loin en loin, se dressent les murailles d'autres parcs funéraires auxquels je ne m'arrête pas, entre des haies de hauts bambous et de fougères, je rejoins la rivière encaissée et je m'arrête à un plan incliné qui descend à l'embarcadère des sampans. Sur l'un d'eux, conduit par un vieil Annamite grave et silencieux, je passe la rivière rétrécie, lointaine comme un Styx, enserrée de berges à pic, ruisselantes de lianes et de larges feuilles charnues et je débarque sur une vraie plage prolongée par un champ jusqu'au mur d'arbres géants qui marque la limite du parc. Une bande d'enfants familiers et rieurs me sert de guide.

Le parc est immense, fantaisiste. De belles allées d'arbres merveilleux serpentent entre des pelouses parsemées d'autres bouquets d'arbres, abritant des kiosques funéraires, ici de la mère de l'empereur, là d'une concubine. L'aspect général est tout à fait celui d'un grand jardin anglais et certains points, irrésistiblement, font penser à l'arrière-prairie du Petit Trianon. Nous arrivons d'abord à une pagode abandonnée, dont le toit fléchit, dont les murs tachés d'humidité s'effritent, puis nous longeons un étang en croissant dont la concavité enferme un autre temple également délaissé et nous gravissons plusieurs terrasses longées de galeries et de lieux sacrés pour arriver enfin au mur précieux de l'enceinte funéraire.

Un sentier grimpant à un mamelon la contourne et permet de la dominer. Quelle surprise! Ses moëllons gris, son aspect massif, sa courbe molle, ses volutes aux angles, le style même des deux dalles funéraires, tout est du plus pur style Restauration, irrésistiblement évoque le monument expiatoire du boulevard Malesherbes.

Le paysage lui-même qui entoure le monument, est grave et élégiaque à la manière d'une gravure du temps.

Au delà de l'enceinte, des rangées d'arbustes s'étendent jusqu'à un étang plein de roseaux et jusqu'à la rivière voisine, derrière laquelle, presqu'à pic, s'élève un cirque de collines sauvages mangées de hautes herbes et plantées de beaux pins espacés. Paysage magnifique et lointain, mélancolique à souhait, où le monde semble se terminer, où le vent chante dans les branches mélodieusement. J'y recueille la volupté grave de la mort, mais sans rien du décor et de la fantaisie tropicales.

Quelle fidélité, quelle reconnaissance pour son allié, jusque dans l'au delà, impliquent chez Gialong ce souci, à mes yeux certain, d'avoir copié son parc et imité son tombeau!

Je m'en vais, rêvant à ces vies d'empereurs passées à composer un cadre mortuaire conforme à leur goût et à leur pensée, digne de leur corps glorieux, sans nulle effigie qui rappelle leur être physique, sans aucune image douloureuse; une grande hauteur intellectuelle, un véritable mysticisme émanent de ces parcs lointains où la puissante nature peu à peu reprend ses droits et efface le souvenir.

Tout livré à ces réflexions j'ai regagné mon auto qui m'amène à travers monts et vallées au mamelon le plus élevé où s'étale, dominant tant de tombes, le grand temple naturiste, le Nam giao. Chaque année l'empereur en personne y officie en l'honneur de la Nature. J'ai donc pénétré la pensée secrète et profonde dont procèdent ces grands jardins mortuaires.

Sur l'autre flanc du mamelon qui porte le temple, une large vallée sablonneuse s'ouvre dominée par la haute colline parsemée de pins de l'Ecran des vents.

Cette vallée offre une étrange vision. Des dizaines de milliers de tombes s'y pressent dans le sable blanc comme neige, dans un entassement désordonné, remplissant tout le creux, prêtes à escalader les pentes. Ces tombes identiques sont de simples tertres carrés, au centre duquel s'arrondit une demi sphère et symbolisent la terre sous la calotte du ciel.

Voilà la Plaine des Tombeaux, infinie, saisissante dans le crépuscule. C'est le vœu de tout Annamite de dormir ici, dans la terre sacrée, à l'abri du temple, dans le voisinage des souverains et ce lieu de sépulture n'est plus assez grand pour permettre de réaliser l'ambition de tous les défunts.

Une grande allée rose dévale de cet impressionnant cimetière vers la ville, sous une voûte idéale de verdure, bordée de cases propres et gaies écrasées par les exubérants feuillages des jardins.

L'éventail des bananiers tout luisant du soleil très oblique, enfin, découpe son ombre allongée par le soir sur le chemin qui m'emporte vers Hué.

Il fait chaud délicieusement. Autour de moi tout est volupté; un très fin croissant de lune monte entre les premières étoiles dans un ciel de velours bleu sombre; le crapaud buffle lance sa note profonde et rauque. La vie divine enveloppe la mort. A regret je m'achemine vers l'hôtel, opprimé d'images, de sensations, de réflexions.

Tandis que je rêve en absorbant une boisson glacée, un Américain qui voyage en même temps que moi, depuis Hanoï quitte brusquement sa table et vient familièrement s'asseoir à mes côtés. Il est vif, bien élevé, intelligent, parisianisé. Pour qui me prend-il? Je ne sais, mais il m'interpelle comme un personnage influent. J'ai dit, dans un autre chapitre sur la Chine, les vues politiques qu'il m'a exposées. Je n'y reviens pas, mais il commence par entamer un éloge dithyrambique de l'Indo-Chine et de Hué, en particulier, auquel je fais écho.

Il me dit qu'il a parcouru le monde en tout sens et que nulle part, il n'a rencontré à la fois plus de richesses et plus de splendeurs naturelles qu'en ce coin de terre et qu'il a voulu que son fils, un grand jeune homme sympathique, d'allures libres et sportives, le connût pour le célébrer. Il me chante d'un ton enthousiaste, cette ville plus originale et beaucoup plus charmante que celles de Chine, les montagnes du Laos, qu'hélas! je n'ai pas connues, les forêts du Cambodge, ses plages plus belles que celles de Hawaï, la splendeur d'Angkor, et je suis un peu effrayé de voir, à ce point apprécié, par un étranger, le pays dont tant de Français, la plupart des Français, ignorent la beauté et la valeur.

Dois-je dire que cet admirateur a été quelque chose dans ma décision d'en esquisser l'image.

La nuit tiède, caressante, parfumée, traversée par des éclairs des lucioles, me retient longument sur les bords de la rivière. J'erre sans but, pénétré par le charme des choses, dans un enchantement physique et intellectuel, poursuivi par le proxénétisme des pousses inlassablement désireux de me faire connaître les amours annamites sur les sampans de la rive et l'un après l'autre m'amenant de petites femmes graciles, polies timides dont la douceur ne rachète pas l'abscence de séduction.

Des coups de gong, des stridences de flûte m'attirent dans un enclos voisin, une enceinte de bananiers géants qui enferme un village de jeu chinois, fait d'une douzaine de petites cabanes en bambou très haut-perchées au-dessus du sol et toutes occupées par une ou deux joueuses accroupies, anxieuses et riantes, attendant leur chance qu'un croupier proclame. Dans la lueur de la lanterne chinoise qui orne chacun de ces perchoirs, il me semble voir une collection d'oiseaux inconnus que des cris et des rires animent à chaque résultat proclamé.

Tout ceci est sympathique, simple, bon-enfant.

Cependant, supputant l'emploi de la matinée qui me reste, je me décide au sommeil pour pouvoir sans hâte consacrer les heures fraîches du matin à un nouveau pèlerinage vers les parcs funéraires.

Dans la splendeur de la lumière nouvelle, alternativement en pousse et à pied, je remonte vers le Nam Giao à peine effleuré la veille, par l'adorable route rose et ombragée qui m'en a ramené au crépuscule.

Elle est toute vibrante de vie, bordée de boutiques, de petits commerces, de restaurants abrités dans les cases qu'enfouissent les bananiers et les lataniers; j'y assiste en passant à la vie du menu peuple, tout entier à ses besognes matinales qu'il accomplit avec un air de gaîté et sans le tumulte, sans le piaillement des Tonkinois. Puis les maisons s'espacent et par une campagne merveilleuse j'atteins le Niam Giao.

Il s'élève ou plutôt s'étale au milieu d'un bois de pins clairsemés, un véritable bois sacré, plein d'exhalations aromatiques, dont le sol rose et sec, couvert de cystes, forme aujourd'hui un tapis de fleurs blanches. Sans autre gardien que la nature à laquelle il est voué, il se compose d'un immense rectangle cubique de pierres blanchies formant esplanade au centre duquel s'élève une vaste coupole blanche surbaissée; comme les tombeaux qui épousent sa forme, il symbolise la terre sous la calotte du ciel et ne comporte nul ornement.

Par les gradins qui y donnent accès, je grimpe sur l'esplanade interdite, sauf à l'empereur qui, chaque année, vient y évoquer et y prier les esprits propices des champs et des bois qui l'enveloppent de toutes parts dans les pins frémissants, le sol fleuri, les collines, les cultures, la rivière lointaine.

Que de poésie, de rêves indécis, de confiance aux forces naturelles dans un tel culte à ce point dépourvu de représentations et de dogmes!

Je rejoins la route qui dévale à travers des taillis et des landes jusqu'au parc funéraire de Thieu-Tri enfoui dans un creux retiré et livré à un demi abandon qui lui confère un charme mélancolique. La chaussée dallée qui y conduit est disjointe, les eaux du bassin sacré sont basses, les rampes, l'arche de la stèle rongées de lichens et les officiers de pierre, les chevaux et les animaux sacrés qui gardent l'esplanade usés par les pluies et par le soleil semblent plus hiératiques et plus perdus dans le lointain des âges. La forêt envahissante a déjà fait son œuvre de mort, détruit l'ordonnance du parc, disjoint les kiosques funèbres des concubines dispersés autour de la sépulture impériale.

L'un cependant, perdu dans la brousse, conserve toute son élégance et toute sa grâce parmi les racines et les plantes grimpantes; c'est celui de la concubine favorite; il semble fait pour les rendez-vous d'amour et nargue le temps destructeur. J'imagine que l'âme de l'empereur s'échappe souvent de sa sévère prison, de la rigide enceinte du mur précieux, pour le visiter.

Hélas, il faut s'en aller, renoncer à voir les autres édifices épars en ce canton forestier et je rentre pour préparer mon départ vers Tourane, jetant en passant un dernier regard à la plaine des tombeaux dont le soleil déjà haut blanchit encore le sable brûlant : cet océan de tombes pressées, désordonnées et semblables dans le creux des collines, quelle vallée de Josaphat, mais où ne plane point la terreur, la hantise du jugement dernier !

Après un déjeuner rapide, un coup d'œil plein de regrets à la rivière de parfums, je prends le train pour Tourane.

Hué est entouré d'une adorable plaine, très bien cultivée, couverte de villages véritablement idylliques dans leur profusion de verdure, généralement bâtis sur les deux rives des cours d'eaux ravissants que la voie traverse. Parmi les champs, les rizières réapparaissent et se multiplient au fur et à mesure qu'on avoisine la lagune qui annonce la mer. Mais la montagne peu à peu se rapproche, le paysage devient plus sévère, deux collines rocheuses, âpres enferment une autre lagune qu'une langue de sable sépare de la mer et, tout à coup, la voie ferrée s'élève au flanc d'une paroi de pierre abrupte. Nous abordons l'énorme promontoire montagneux que la chaîne annamitique émet pour enserrer la baie de Tourane, au sommet duquel est le col des Nuages et que nous allons contourner.

A un détour de notre tracé, soudain, le spectacle devient d'une sauvage et incomparable grandeur. A pic, la montagne immense, de près de mille mètres de hauteur, vient plonger dans l'océan, en opposant, aux longues vagues brusquement brisées et jaillissantes en écumes tumultueuses, sa paroi abrupte de roches violettes et roses. Le train à mi-côte est suspendu d'abord au-dessus du gouffre, puis au devers d'une conque escarpée qui, en entonnoir, s'enfonce vers la mer, gorge profonde vers laquelle ruissellent en filets d'argent toutes les sources de la montagne. Du fond de l'abîme, s'élève une poussière d'eau; les roches humides sont tapissées, sans un intervalle, de larges feuilles étalées et de lianes fleuries roses, violettes et jaunes qui leur font une véritable toison emmêlée autour des arbustes tordus par les vents. Des grands arbres jaillissent droits des creux encaissés vers lesquels la forêt tropicale qui tapisse les sommets, descend par larges et sombres coulées.

En face de cette orgie végétale, la mer infinie d'un bleu verdâtre intense, gronde et s'acharne, panachée d'écume, tandis que de lourdes nuées noires qui ont valu à ce lieu le nom de col des Nuages s'appesantissent sur les crêtes comme la fumée d'un volcan dans le ciel d'un azur immaculé.

Paysage infernal et merveilleux où toutes les forces de la nature déchaînées semblent entrer en conflit, dans un duel mortel, paysage grave et tragique sans autre note adoucissante que les fleurs des lianes inaccessibles, tels des rêves, le long des parois rocheuses.

Durant une demi-heure, le train se hisse péniblement dans ce décor vers un mur de roches abruptes, entièrement dénudé, qui termine cette anse étroite et se glisse dans un tunnel pour déboucher au-dessus de la baie de Tourane, en plein espace et en pleine lumière. Suspendu à mi-côte, à deux cents mètres au flanc de la montagne, le train stoppe un peu après la sortie du tunnel, permettant d'embrasser, d'un coup d'œil, la baie tout entière. Elle s'arrondit, imposante et un peu triste, en un demi cercle presque régulier que troue, vers le nord, la passe étroite coupée d'îlots rocheux et qu'occupe, au sud la ville de Tourane, étalée sur une plage sablonneuse. Une immense paroi rocheuse, le long de laquelle nous sommes accrochés, la mure véritablement à l'ouest, du côté de la terre ; du côté de la mer, à l'est, elle est protégée par des dunes et des collinettes qui s'élèvent pour se terminer par une surrection rocheuse de plus de cent cinquante mètres de haut qui fait face à la montagne en ménageant avec elle un large goulet en eau profonde. Elle constitue ainsi le plus merveilleux des abris naturel qu'on puisse rêver : une rade parfaitement sûre et assez vaste pour contenir les plus puissantes flottes, fournissant aux plus grands navires des fonds suffisants. Des travaux, en somme assez simples, peuvent en faire le plus beau port commercial et militaire d'Etrême-Orient.

Par une pente assez raide, contournant le golfe, le train descend jusqu'à la ville de Tourane en traversant un joli village annamite touffu et riant, en longeant la plage où des bandes d'enfants nus jouent autour d'une pirogue échouée.

Le Tourane français, la ville maritime future, qui promet de prendre une très grande importance, s'abrite derrière une levée en terre-plein qui la protège du flot. Ce n'est encore qu'un amas de magasins, de chantiers, de maisons hâtivement construites sans art, et qui se compose seulement du quai et d'une rue parallèle à lui, derrière laquelle se dessinent, désertiques, les avenues de demain. Ces villes de pionniers sont pleines de nostalgie et celle-ci particulièrement la provoque, détachée qu'elle semble du monde par l'énorme muraille rocheuse toujours couronnée de nuages et exposée d'autre part aux vents violents de la mer de Chine.

Son arrière-pays est délicieux cependant, comme je puis m'en assurer dès le lendemain matin, en reprenant ma route vers le sud dans l'auto postale surchargée à craquer de colons et d'Annamites.

La plaine riche et heureuse, peuplée de grands et beaux villages, s'étend, toujours bornée à l'ouest, par le profil bleuâtre de la chaîne annamitique et, à l'est, par un liséré de dunes blanches. Bambous, aréquiers, manguiers, mûriers, font des bouquets verts parmi les champs de maïs, de cannes à sucre, de tabac, de caféiers, coupés de rizières. De jolis lilas du Japon ombragent la route, leur feuillage léger et capricieux laisse pendre de longues grappes de fleurs d'un mauve très pâle, délicieusement odorantes. Des haies de cactus et d'ananas sauvage protègent les habitations et se drapent de lianes fleuries jaunes et rouges.

Après un long parcours dans cette plaine féconde et riante, un instant la montagne se rapproche de nouveau de la mer, nous obligeant à franchir un seuil plus élevé d'où se découvre une lagune tachée de quelques voiles de pêcheurs, et ce ressaut franchi nous retrouvons la plaine riche et monotone jusqu'à Quang-Ngaï où nous déjeunons dans un de ces confortables bungalows qui jalonnent le chemin.

Ces bungalows, créés par notre administration et gérés par un cessionnaire, d'un type généralement identique, bien abrités par une large vérandah, offrent, au rez-de-chaussée une salle de café, un salon, une large salle à manger, une confortable toilette avec douches et, au premier, quelques chambres aérées, simples, propres, suffisamment confortables avec douches et bains. Tout y est rudimentaire, mais net et, après des heures de roulage sous le soleil, c'est une véritable joie que d'y accéder, d'y trouver des boissons fraîches et un gîte convenable avec un repas suffisant. Voyageurs, fonctionnaires et colons s'y rencontrent et s'y groupent.

La femme d'un fonctionnaire en compagnie de laquelle je déjeune en causant, curieux de ses impressions du pays où elle vit depuis longtemps, me raconte un trait de mœurs indigènes macabre et caractéristique.

L'Annamite n'aime pas la violence et supporte mal les reproches qui froissent sa vanité naturelle.

Lorsqu'il en mérite il se punit lui-même en se vengeant sur celui dont il les a reçus.

Cette dame avait remis à un ciseleur très habile une assez grande quantité d'argent massif pour lui confectionner un bijou. Le travail accompli à sa satisfaction et payé par elle, elle trouve le bijou singulièrement léger et s'assure qu'il manque à son poids, le tiers environ de l'argent confié. Elle fait venir l'indigène et, assez rudement, lui reproche son indélicatesse. Le lendemain, en poussant sa porte, elle trouve devant elle, pendu, le cadavre du malheureux. Prise de remords pour sa violence elle a naturellement souffert d'une façon cruelle de cette leçon de modération, mais elle m'affirmait que pareille aventure n'est pas exceptionnelle et doit vous inciter à user d'un tact tout particulier avec les Annamites dont la sensibilité déconcerte la nôtre.

Sur ce terrain, notre conversation, pour moi révélatrice, ne demandait qu'à s'étendre ; mais j'entends corner l'auto tyrannique, il faut repartir, lutter de vitesse avec une autre auto pour traverser en premier le bac prochain et, par des paysages semblables à celui du matin, puis, vers le terme du voyage, plus accidentés et plus tropicaux grâce aux silhouettes de nombreux cocotiers, atteindre, au soleil couchant, la belle baie encadrée de montagnettes et de rochers au fond de laquelle Quinhon se développe.

Comme Quang-Ngaï, Quinhon, chef-lieu de province situé à l'un des débouchés de Kontoum, ce plateau de mille mètres d'altitude, ce Tell de l'Annam, possédant le plus fécond sol du monde, est destiné à une extension d'autant plus grande que des plantations de mûrier l'enveloppent, que l'industrie séricicole y prospère et que sa rade bien abritée est assez sûre.

C'est déjà une petite ville accueillante, joliment dessinée. Sur la belle conque de sa plage de sable fin couronnée de hauteurs rocheuses, j'ai passé quelques heures de rêverie et de repos, contemplant la demi lune des tropiques coupée horizontalement et non verticalement comme la nôtre.

Courte halte; il m'a fallu regagner l'hôtel pour dormir un peu, attardé cependant dans son hall-café par un amusant tableau colonial. Quelques jeunes femmes jolies, épouses d'officiers ou de fonctionnaires, venues en ce lieu de rendez-vous avec leurs maris, y sont soumises à l'assaut des célibataires dépourvus et savent toutes, parfaitement, jouer les Célimènes.

Cinq heures du matin. Le jour se lève, le soleil rosit délicieusement la baie calme, il faut repartir en dépit de la lassitude. L'auto corne et démarre. Tournant le dos à la mer, elle s'enfonce au milieu des mûriers et des bambous, dans une fraîche vallée où murmure un ruisseau et, tout de suite, pour franchir le nouvel éperon montagneux émis vers la mer par la chaîne d'Annam, s'élève par une route en lacets très rapide sur une pente âpre couverte de haute brousse dont émerge de-ci de-là la silhouette isolée d'un palmier.

Je me crois transporté en Kabylie; mais le col est bientôt atteint; nous descendons l'autre versant et, comme par miracle, le paysage change brusquement.

La gorge étroite s'emplit de hauts cocotiers et dévale vers l'estuaire d'une rivière rapide et encaissée qui descend en torrent de la montagne. Sur les bords de la rivière, dans un village bâti sur pilotis, un peuple nu et bronzé, travaille et flâne dans un paysage tout à fait tropical et sauvage.

Cette impression de sauvagerie lointaine s'accentue encore lorsque nous avons franchi la rivière. Les bois de cocotiers se multiplient, abritant des cases minuscules; mais un typhon a passé, beaucoup d'arbres sont couchés, comme fauchés; il semble qu'on sente hurler le vent du désastre d'autant plus poignant qu'en nous élevant, peu à peu, sur une autre pente, nous découvrons la baie désertique autour de laquelle se groupe cette humanité nouvelle. C'est un golfe profond, infini et déchiqueté, de toutes parts enserré de hauts rochers rugueux, abrupts, stériles, où des voiles carrées, de loin en loin, s'enflent sur des pirogues rudimentaires, évoquant brusquement l'immense solitude mélancolique du Pacifique et l'Océanie prochaine.

Cette étrange vision dure peu, le golfe disparaît et la route escalade les terrasses âpres d'une nouvelle contrée, entièrement différente : le Song-Cau. Des collines divisées en damiers par des murs de pierre sèche et par des haies, se succèdent en molles ondulations, cultivées du haut en bas, sauf quelques taches de landes pierreuses et broussailleuses. Le souvenir de la Bretagne s'impose irrésistiblement au point qu'on ne songe plus, dans la surprise, à regarder la diversité des cultures, à s'assurer qu'au lieu de pommes de terre et de sarazin, les arachides et la canne à sucre, si semblable au maïs, sont ici les produits du sol.

Cependant après la traversée du riche village de Song-Cau, encore une fois les collines s'abaissent, plongent vers la plaine où, parmi les dunes de sable blanc aveuglantes sous le soleil, dans un pays parfaitement inculte et inhospitalier, nous atteignons pour déjeuner, éblouis de tant d'aspects divers vraiment cinématographiques, le bungalow de Tuy-Hoa, particulièrement sympathique en ce lieu sauvage.

Il faut nous presser pour le repos, nous avons à traverser en bac l'estuaire de Cuado-Dieu, presqu'impraticable à marée basse et souvent infranchissable quand la mer est déchaînée, ce qui n'est pas exceptionnel.

Ce bac, le plus long et le plus difficile de tout l'Annam, laisse un souvenir inoubliable. A peine le bungalow quitté, la route cesse, devient une piste dans une steppe sablonneuse piquée de touffes de plantes grasses et épineuses et aboutit au bout d'un kilomètre à une sorte de bras de mer de 1.500 mètres de large à marée moyenne, davantage à marée haute. Autour de nous, sur les deux rives, tout n'est que sable et de larges bancs jaunâtres émergent de l'eau traînante où ils se déplacent. Grâce à un ponton difficilement jeté jusqu'au bac, l'auto s'embarque, et la traversée commence. Une dizaine d'indigènes entièrement nus, entrés dans l'eau jusqu'à la poitrine, tâtant le fond hâlent sur le bac et le dirigent en saisissant le bordage. Ces indigènes sont des moïs descendus de la montagne voisine, ils sont bruns, presque noirs, les cheveux crépus et non plats comme ceux des Annamites dont ils n'ont aucun trait; ils avancent prudemment, lentement, chantant une mélopée. Pendant une heure, le bac en zigzagant avance, traversant en écharpe la rivière sous le soleil de plomb et enfin aborde l'autre rive, plus sablonneuse et plus molle encore que la première, où un clayonnage de bambous dessine le chemin jusqu'à la route solide enfin retrouvée. On imagine ainsi une traversée de rivière en Afrique.

Ce qui est amusant, c'est que ces purs sauvages, l'auto débarquée, l'ont, sans hésiter, remise en marche, en faisant monter l'essence au carburateur et en tournant la manivelle avec la même aisance qu'un vieux chauffeur de chez nous.

Très vite cesse la steppe sablonneuse. La terre féconde reparaît et bientôt prend des allures franchement méridionales; nous voyons poindre les hauts cocotiers, et, faisant un crochet sur notre gauche, pour apporter le sac postal à un village voisin, nous pénétrons dans une palmeraie grandiose qui dépasse en beauté celles de Ceylan. Les grandes tiges rugueuses se dressent côte à côte d'un élan majestueux, leurs panaches s'étalent et se confondent enfermant tout le sol dans une ombre lumineuse sous une voûte très haute et bruissante. Aux pieds de ces colosses, les cases s'essaiment toutes petites et un peuple joyeux, quasi nu, vaque à ses occupations dans une paix qui semble heureuse; aussi le petit village voisin nous montre-t-il des boutiques bien fournies et une agitation de ruche. Cependant nous regagnons la grande route et à travers une plaine visiblement grasse, parsemée d'autres plantations de cocotiers, à travers d'autres villages prospères, nous gagnons une région mamelonnée. Au sommet des éminences qui la bossuent, commencent à se montrer les tours chans, vestiges de fortifications disparues qui rappellent presque exactement nos châteaux forts du moyen âge et devaient communiquer les unes avec les autres, jouant le rôle du télégraphe.

Un prêtre catholique est monté dans la voiture et s'est assis à mes côtés. Curé d'un village voisin, témoin des persécutions qui ont coûté jadis la vie à plus de dix mille hommes, il me raconte sa vie rude, compensée par l'affection que lui témoignent les indigènes. Je l'interroge sur le succès de son apostolat. Il reconnaît que son rôle est souvent ingrat. Beaucoup de ses ouailles n'ont point une irréprochable pureté de vie; plusieurs ne deviennent chrétiens que pour effacer, par l'absolution, des fautes passées et pour trouver dans le prêtre un soutien. Cependant la plupart lui apparaissent des chrétiens sincères. Je m'informe de la façon dont il concilie les dogmes avec les mœurs plus puissantes qu'eux; il m'explique qu'il n'y a pas à cette conciliation d'obstacle dirimant. Le culte des ancêtres, principal souci des Annamites, n'est pas contraire à la religion, et quant aux mariages successifs, bien difficiles à empêcher, la coutume annamite de l'adoption permet de considérer comme adoptés par le père les enfants du second et du troisième mariage, le premier seul demeurant religieusement valable. Ces accommodements provoquent de ma part quelques plaisanteries faciles, qui déconcertent le prêtre, et je n'ai pas le cœur d'insister. Cet homme sincère, courageux, d'esprit cultivé et français, m'est foncièrement sympathique; je mesure près de lui combien, davantage que la croyance, nous apparente étroitement la culture de l'esprit et le sens national. A un village prochain, nous nous quittons à regret, cordialement amis.

Nous nous rapprochons de la montagne. Encore une fois, d'un puissant chaînon, elle vient nous barrer la route et s'épanouit vers la mer. En lacets, nous grimpons à nouveau la côte, mais cette fois-ci en pleine forêt.

Le long de la route s'élèvent tous les 700 ou 800 mètres de petites paillotes, de petites cases en bambous dressées sur pilotis à huit mètres du sol. Elles nous avertissent que la forêt recèle le tigre. On lui échappe en grimpant là-haut par des échelons ménagés sur le bâti et parfois le fauve assiège toute la nuit le malheureux qui a dû s'y réfugier.

Au fur et à mesure que monte la route, la forêt s'épaissit, toujours plus inhospitalière, hérissée, mystérieuse, et au sommet de la côte s'arrête brusquement, nous ménageant une changement à vue aussi sublime qu'inattendu.

Nous nous trouvons au bord de l'abîme, au haut d'une immense falaise rocheuse tout à fait abrupte et très élevée que nous longeons en corniche et devant laquelle se découvre un des plus grands et des plus étranges panoramas que j'aie contemplés. A nos pieds, se développe une baie gigantesque, limitée très loin, à une quinzaine de kilomètres au large, par la pointe du cap Varellas, où se dresse, minuscule et perdue, la tour du phare et que prolongent vers le sud deux grandes îles allongées, rocheuses et sauvages. La ligne d'horizon de l'océan s'élève au delà très haut dans le ciel.

Dans ce cadre, la baie s'enfonce dans la presqu'île que nous venons de traverser et qui porte le cap, y dessinant un trèfle immense et profondément déchiqueté d'une incroyable beauté. Le long des pentes à pic, de toute part, la forêt vierge sans un intervalle glisse jusqu'à la nappe des eaux et se confond avec elle, parmi des fiords fantaisistes et tropicaux,

Enchâssée dans cette bague étrange, la nappe des eaux, calme comme un lac, reflète sa splendeur; elle luit au centre comme un saphir colossal serti par les courants de bandes de jade et d'aigue marine. Quelques pirogues, quelques sampans perdus l'animent à peine. La nature, que n'altère aucune œuvre humaine, triomphe ici, sans concurrence, dans toute sa force et sa splendeur. Cette vision du cap Varellas dépasse de beaucoup en harmonie et en beauté celles pourtant admirables et surprenantes de la Porte-d'Annam et du col des Nuages encore gravées en nos rétines, et je ne détache qu'avec un immense regret mon regard de ce paysage étonnamment grandiose et merveilleusement composé sur un plan infiniment plus étendu et plus varié que les précédents.

Malheureusement, il faut nous dépêcher de franchir les quinze kilomètres qui nous séparent encore de Nhathrang où nous attend la traversée en bac, souvent périlleuse, d'un nouveau et large cours d'eau. Nous descendons rapidement et nous nous embarquons sur la rivière puissante et vivante, pleine de jonques et de sampans, de barcasses et de pirogues tassées le long des rives, qui proclament un peuple de pêcheurs et la mer toute voisine. La rivière est heureusement calme, la traversée facile et nous arrivons fourbus à Nhathrang que je dois quitter avant l'aube pour Saïgon.

Nhathrang, sur la rive droite et à l'embouchure

de sa belle rivière, est bâti sur la mer à l'orée
d'une jolie vallée dont la montagne bleue et découpée forme le fond, le long d'une plage délicieuse de sable fin. Protégée au nord, au delà de
la rivière, par un contrefort de la montagne dont
nous sommes descendus, au sud par une colline
assez élevée, ouverte aux vents du large, la ville
jouit d'un climat et d'une salubrité exceptionels
d'un charme naturel pénétrant; bientôt elle sera
dotée d'un confortable hôtel qui, à mon grand
regret, n'est pas encore ouvert.

Malgré ma fatigue, je tiens à visiter l'homme
illustre qui vit en ce lieu, le docteur Yersin, fon-
dateur et directeur de l'Institut Pasteur de l'Indo-
Chine où il est demeuré après avoir étudié et
vaincu ici la peste, après avoir, en collaboration
avec Roux, vaincu la diphtérie.

J'ai vu sa maison toute ceinturée de vérandahs
à l'entrée de la ville; j'y vais par la plage encadrée de montagnes, le long de la baie parsemée
d'îlots rocheux où la mer salubre se brise en
rejets d'écume rappelant la baie de Saint-
Mâlo. La maison est placée à l'extrémité nord de
la plage, entre la mer et l'embouchure de la rivière,
qu'elle contemple par deux de ses faces, les deux
autres regardent la vallée et le profil des montagnes, au-dessus desquelles le ciel s'embrase d'un
adorable coucher de soleil.

Dans cette demeure de poète, le docteur vit en
cénobite et m'accueille en philosophe. Jusqu'à la

nuit tombée, dans une intimité presque immédiate, nous parlons de tout, mais surtout de la France lointaine.

Après quelques échanges de vue scientifiques où j'apprends beaucoup de choses, il entame brusquement le sujet politique. « Vous qui venez de France, me dit-il, comment pouvez-vous expliquer, qu'après son merveilleux sursaut de la guerre, elle soit tombée si bas?

« Ici, nous ne savons rien ou presque rien; mais mieux que vous, par comparaison, nous mesurons avec angoisse, avec effroi, sa chute profonde qui nous paraît inexplicable.

« Se résigne-t-elle donc à devenir une petite nation vassale des autres?

« Comment, pourquoi ne se trouve-t-il personne pour réagir?

« Il y a eu des élections ces derniers jours à Belfort. Ce Tardieu dont on célèbre le succès, est-il un homme au moins? »

Et mélancoliquement tous deux nous comparons le bel idéalisme national de jadis et l'abjection présente du pays victorieux; nous recherchons les raisons d'espérer sans en pressentir aucune.

« Faudrait-il souhaiter une catastrophe qui, à la manière d'un vaccin, détermine une violente réaction chez cette nation languissante? » me dit en me quittant le docteur Yersin.

Cette conversation sous les arcades de la vérandah ouvertes à la splendeur du soleil couchant m'a laissé un souvenir poignant.

A la nuit, sous la lune et le ciel constellé, je parcours la ville et je me couche dans un détestable lit avec la seule préoccupation de gagner à quatre heures du matin la gare distante de cinq kilomètres.

Traîné par un pousse qui a couché devant ma porte, j'y arrive dans la nuit noire et je m'embarque dans un wagon pour Saïgon, brisé par le voyage rapide et grisé de tant d'impressions fugitives et diverses.

Je n'ai pas pourtant achevé mon initiation. La ligne de chemin de fer traverse d'abord de prospères et interminables plantations d'hévéah, l'arbre à caoutchouc. Ces forêts nouvelles et civilisées sont d'immenses quinconces réguliers, au sol net, qui me rappellent comme dimensions d'arbres et comme aspect général, certaines plantations de peupliers de Hollande de la vallée de la Marne. Leur contemplation est monotone et il faut penser à la richesse qu'elles produisent pour y prendre un intérêt durable. Au bout d'une heure, elles cessent et, encore une fois, le paysage se transforme.

Nous avons quitté l'humide côte est de l'Annam; l'écran de montagnes qui précipite les eaux de l'océan fuit vers l'ouest, n'arrêtant plus les nuages; le pays devient tout à coup sec. Voici la savane à la fin de la saison sèche, à la fin de son hiver brûlant, et cet hiver reproduit les aspects du nôtre avec une désolation accrue. Au milieu d'immenses étendues de hautes herbes fléchissantes, comme brûlées, les grands bambous s'affaissent en éparpillant leurs bouquets de toutes parts, frappés de déchéance, rôtis et jaunis, les arbres, parfaitement dépouillés, dressent désespérément leurs branches tordues et blanchies comme des ossements sur les paquets de feuilles recroquevillées. Partout, sur le sol fendu et stérilisé, s'érigent des cônes de trois à quatre mètres de haut, bruns, comme des tentes abandonnées, ce sont les termitières, et ce spectacle de mort se poursuit pendant deux heures avec, parfois, des échappées de mer : la baie lointaine de Camranh, d'autres baies toutes proches, rocheuses et désertiques où l'eau, d'un bleu métallique et sans ride, s'harmonise avec le paysage jaune, pour composer un ensemble funéraire sous un ciel plombé de lumière. La première pluie est tombée cette nuit; bientôt tout reverdira comme durant le printemps du nord; mais combien je suis heureux d'avoir, au passage, vu les ravages d'un hiver chaud plus effrayants que ceux de nos frimas. Le cercle de Phanrang, en cette saison, m'est apparu comme un des cercles de l'enfer.

Au bar du wagon-restaurant, où la chaleur accablante unit les voyageurs autour des boissons glacées, je cause avec mes compagnons : un officier aviateur aux allures d'aventurier qui a fait une chute dans la forêt vierge et, par miracle, s'en est tiré avec une simple luxation de l'épaule, et un un colon rudimentaire, énergique, un paysan de Gascogne, amené dans le pays par son service militaire et en train de faire fortune. La conversation de ce brave garçon m'ouvre, sur les mœurs locales, un aperçu intéressant. Il me narre ses débuts pénibles et le secours puissant et délicat que lui a prêté sa congaïe dont il a plusieurs enfants et qu'il a épousée. « Ces femmes là, me « dit-il, sont épatantes, elles ne renâclent pas « devant le turbin, elles font marcher les ouvriers, « elles vous sont reconnaissantes de bien les traiter, « et elles travaillent de leur côté à faire un petit « commerce pour vous demander le moins pos- « sible. Avec ce qu'elles gagnent elles se payent « des bijoux. La mienne, bien souvent, quand elle « me voyait dans la débine pour une échéance, « engageait ses bijoux, sans rien me dire et venait « m'apporter la galette. En connaissez-vous beau- « coup, Monsieur, proclamait-il, des femelles de « chez nous qui en feraient autant? »

Le train fuit, midi approche, la montagne nous rejoint et avec elle les eaux courantes et vivifiantes. Tout à coup des contours d'arbres verts réapparaissent, la savane perd son allure désolée et, presque brusquement, la forêt lui succède de plus en plus épaisse et somptueuse, riche de ses immenses lataniers étalant jusqu'au sol leurs palmes de plus de deux mètres de diamètre. De leur gerbe fantastique une tige très longue jaillit parfois, se dresse toute droite et très haut et se couronne de fruits; le latanier a cent ans, il meurt à la façon de l'aloès en donnant sa semence dans un ultime effort, et, à ses pieds, ses belles palmes tombent desséchées à jamais.

Maintenant la sylve profonde avec ses grands fûts droits, ses dômes de feuillage, ses lianes de rotin et ses lianes fleuries nous fait la plus belle des avenues que surmonte à notre droite le profil bleu des montagnes. Les plantations de caoutchouc reparaissent interminables, laissant filtrer des flaques de soleil au travers de leur feuillage léger. Sur de grands espaces la forêt brûle pour leur faire place, répandant une odeur aromatique de santal et d'encens.

Des routes droites, de longs layons, s'enfoncent au travers de la forêt vierge. Les stations se rapprochent entourées de jardins et de jolies habitations blanches, nous avons laissé l'Annam et abordé la riche Cochinchine.

COCHINCHINE

Les gares sont pleines d'une vie intense, toutes les races et tous les types s'y mêlent : à côté des Annamites, les Chinois pullulent, quelques Malais se montrent avec leurs cheveux longs ; et les grands et beaux Malabars, à la face indo-européenne, dominent de leur large turban le grouillement des jaunes et des noirs.

La montagne fuit à nouveau, s'estompe vers le nord ; nous traversons des champs réguliers, bien bornés, admirablement cultivés, des rizières déjà jaunissantes et nous voilà devant une grande ville d'allure presque européenne, n'était l'exotisme de la verdure qui la pénètre, Bien Hoa.

Au sortir de sa gare animée de foule, telle une gare de banlieue, nous traversons la merveilleuse rivière qui l'arrose avant de joindre plus loin la rivière de Saïgon. C'est un puissant fleuve qui s'écoule majestueusement comme un ruban de métal entre deux berges bordées de hauts arbres et de jardins reflétés dans son cours calme. Sous la lumière apaisée du soir tout se dore sur ses rives et donne une image de beauté parfaite et de bonheur.

D'autres champs, d'autres rizières, des guinguettes éparses, des autos élégantes pressées aux passages à niveau, les tours d'une église, des usines et des chantiers, tout l'abord d'une ville moderne : voici Saïgon.

J'avais déjà vu à Saïgon à l'escale de l'aller, après le cap Saint-Jacques rocheux, paré de ses villas et de ses jardins : je l'avais vu surgir peu à peu des immenses marais de palétuviers qui longent la ligne bleue des collines, se rapprochant ou s'éloignant au gré des méandres capricieux de la rivière. Elle m'était apparue calme et florissante, émergeant des eaux comme une apparition d'Europe parée de verdure tropicale. Aujourd'hui, je l'abordais tout de go, d'emblée plongé dans sa vie intense, par le marché chinois qui avoisine la gare. Une halle massive et débordante d'activité sur une grande place où les auto-cars s'entassent, déversant des flots d'hommes jaunes et blancs, des boutiques pressées agglutinant tous les commerces, de grands cafés envahissant la chaussée de leurs terrasses, des pousses légers s'entrecroisant en tous sens, ainsi apparaît la ville, étourdissante pour le voyageur qui vient du calme Annam. Je dépose mes bagages dans un hôtel chinois où j'ai la fantaisie de passer la nuit à proximité de l'auto-car de Pnompenh et, par une grande rue commerçante, je rejoins le centre européen que je connais, pour raviver mes souvenirs.

Saïgon est une belle et grande ville, bien dessinée, délicieusement ombragée où s'épanouit dans un mouvement frénétique de jour et de nuit la vie coloniale française.

Limitée au sud par un canal qui offre le plus pittoresque entassement qu'on puisse voir de jonques et de sampans, à l'est par la rivière où s'échelonnent les gros bateaux dans un fourmillement de petits, la ville, bordée de larges quais plantés de grands arbres, est traversée dans son centre, d'un bout à l'autre, par l'artère de la rue Catinat qui charrie le torrent de sa vie, reliant les quais à la ville officielle un peu retirée parmi ses squares, au contact du jardin zoologique.

Tout se trouve dans l'axe de la rue Catinat, les cafés, les hôtels, les magasins européens, les changeurs, plus loin l'église, la poste, plus loin encore les services publics qui accaparent aussi les rues transversales. Pavée de bois, bordée de flamboyants légers qui tamisent la lumière du soleil et diffusent à la nuit celle des globes électriques, autos et pousses semblent y glisser dans une atmosphère toujours heureuse entre les trottoirs garnis de civils et d'officiers en vêtements blancs, casqués de blanc, et de femmes très soucieuses de l'élégance de leur toilette. Le matin, elle sourit aux flâneurs, aux ménagères en quête d'emplètes; vers onze heures, à la sortie des bureaux, elle roule, tout à coup, vers les cafés, pour l'apéritif, un flot de pousses et d'autos, somnole jusqu'à deux heures sous le soleil vertical de midi, se noie, vers trois heures, sous l'irrésistible averse presque quotidienne qui rafraîchit l'atmosphère, se ranime à cinq, par l'afflux bruyant des autos envolées vers la campagne pour la rapide course revivifiante; le soir, enfin, dans le flamboiement des lampes électriques, aggripe d'incroyables foules de consommateurs bruyants autour de la triple terrasse du Continental qui la domine et qui l'envahit.

A côté de cette voie trépidante, les rues calmes se coupent à angle droit, jetant par dessus les murs des jardins une exubérante végétation dans laquelle les maisons s'enfouissent. Une atmosphère de serre chande semble tout engourdir. Passant d'une rue à l'autre en nous dirigeant vers le nord de la ville, nous parvenons à une large avenue désertique où un square fait face au Palais du Résident Général; et, en suivant cette avenue vers le fleuve, entre des jardins et des casernes, nous arrivons au jardin zoologique, harmonieusement dessiné, rafraîchissant par l'ombre de ses beaux arbres, ses pelouses, ses pièces d'eau, sa rivière encadrée de bambous, intéressant par la faune qu'il enferme, singes, oiseaux, tigres surtout, dont la grande cage contient les plus beaux spécimens de l'espèce. Dans le pavillon des serpents, un boa provoque le frisson : gavé, il digère silencieusement, mais blottis dans les coins de la cage, les yeux fixés sur le monstre, les poulets vivants qui lui sont destinés grelottent de terreur dans l'attente de l'étreinte finale.

Contigu au jardin, une grande pelouse cernée de grands arbres sépare la ville du quartier nouveau. Tout le long des avenues récentes, d'aimables villas sourient au milieu des jardins tout neufs et déjà tumultueux, et rappellent les cottages suburbains des villes anglaises.

Saïgon tout entier tient dans cette brève description. Il n'y a ni monuments remarquables, ni souvenirs d'art, et relativement très peu d'exotisme. Ville spécifiquement française par sa conception et sa population, ville d'affaires et de plaisir, Saïgon vous étourdit, vous amuse et ne vous retient pas. Son climat est vraiment pénible, moins encore par la chaleur que par l'humidité; on y vit dans une moiteur constante de nuit et de jour, qui entraîne une inévitable paresse. Seules les heures du soir, après l'averse, de cinq à sept heures, vous donnent l'illusion d'une détente. Les santés les plus robustes résistent mal à cette atmosphère oppressante, et les déprimés cherchent dans l'opium et l'alcool, dans d'innombrables et néfastes coktails, un sursaut d'énergie.

Depuis la création de Dalat, la station climatique de Saïgon dont le plus haut plateau de 1.700 mètres d'altitude jouit d'une température presque européenne et d'une flore quasi alpestre, le Saïgonnais peut se retremper assez facilement dans l'air frais et ne songe qu'à en profiter; il en revient reposé et apte aux efforts et aux plaisirs. Ceux-ci l'assaillent de toutes parts : il y a peu de points du monde où l'amour tienne plus de place et se montre plus ouvertement.

Je ne parle pas ici de Cholon, cette grande ville chinoise, ce faubourg saisissant de Saïgon dont j'ai essayé d'esquisser la peinture en un autre chapitre. La vie chinoise d'ailleurs tend à empiéter sur Saïgon lui-même, comme je m'en aperçois en regagnant mon hôtel chinois après avoir traversé les quartiers déjà endormis de la ville française. Autour de lui le grouillement jaune n'a pas cessé, des musiques stridentes déchirent l'air, et, la nuit, durant d'interminables détonations de pétard me donneront des cauchemars de mitrailleuses.

Le soleil se lève et je descends de ma chambre propre, munie d'un bon lit et d'un appareil à douche, pour prendre place dans l'auto-car de Pnompenh qui démarre, chargée de quelques européens et d'une foule de Chinois.

La campagne au delà de Saïgon est plate, fertile et admirablement cultivée, mais si monotone que je n'ai retenu qu'un détail : des plantations de tabac gigantesque dont les pieds atteignent trois mètres de haut et dont les feuilles couvriraient quatre feuilles de nos tabacs.

Plus nous avançons, plus la monotonie s'accentue; nous contournons au nord la plaine des Joncs neutre et uniforme que la rizière, heureusement, commence à envahir; et il nous faut parcourir trente kilomètres par une route assez ombragée mais ingrate, pour retrouver des aspects riants, un village gai, dans les jardins et les arbres, mais déjà en partie privé du cachet d'exotisme : Tay Ninh.

CAMBODGE

A partir de ce point la campagne s'anime, les
bouquets d'arbres se multiplient, la végétation
devient sans cesse plus profuse, une colline se
dresse; des mamelons, sur notre droite, bossuent
la plaine et nous franchissons la limite du Cambodge pour nous arrêter dans un merveilleux village qui n'est qu'une avenue de bananiers géants
où le type cambodgien s'accuse. Les hommes, très
bruns, presque noirs, presqu'entièrement nus ont
de beaux torses, des bras puissants le nez moins
écrasé; les femmes ont des jambes et des cuisses
fortes, un large bassin, une poitrine développée,
des cheveux coupés courts, faisant boule sur l'occu-
pit, la nuque rasée exactement comme nos Parisiennes. Elles forment un contraste avec l'Annamite gracile, aux pas menus et à la démarche ondu-
lente : elles sont plus belles, mais beaucoup moins
gracieuses.

Une file d'autos nous immobilise ici devant le
large Mékong qu'il faut franchir en bac, et nous
devons attendre notre tour. Je grignote des fruits
nouveaux, puis voyant les minutes s'écouler, je me
décide à déjeuner dans un restaurant indigène,
une baraque ouverte où il y a des bancs et des

chaises. L'hôte m'accueille avec déférence et me nourrit confortablement d'un poisson délicieux et d'un poulet sauté remarquable qui m'enlève tout mépris pour les Cambodgiens.

Enfin notre tour arrive de passer le fleuve et comme il est bas, l'embarquement est extraordinaire, presque dramatique : nous dévalons une berge à pic, nous manquons de plonger entre elle et le ponton mal amarré où quatre autos et une foule bigarrée d'indigènes se tassent déjà.

Bien que très diminué par la saison sèche et la marée basse, le Mékong rapide est paré de majesté; encaissé entre ses hautes berges ocreuses que couronne une marge de verdure épaisse, parsemé d'embarcations de toutes sortes, dominé vers le nord par une ligne vaporeuse de hauteurs lointaines, il précipite son flot limoneux qui raconte à la plaine, sous le grand ciel bleu, une longue course aventureuse depuis les montagnes de Chine.

Débarqués sur l'autre rive, nous sommes très près de Pnompenh, la capitale cambodgienne que nous atteignons en une demi heure.

Pnompenh

L'étape a été courte; nous arrivons au but, au milieu de l'après-midi; je m'installe dans ma chambre d'hôtel pour y goûter un peu de repos. Elle a vue sur le quai du Tonlésap, le bras de fleuve immense, large d'un kilomètre, déversoir du grand Lac, dans le Mékong voisin. J'aimerais trouver là, si loin, du silence et du repos; mais nous sommes un dimanche et sur ce quai bordé de cafés, sans cesse les autos arrivent, déchirant l'air de leurs sirènes, de leurs cornes, de leur klaxon, si nombreuses qu'à l'heure fraîche de l'apéritif, un encombrement bouche le large quai et nécessiterait la présence d'un agent au bâton impérieux! Quelle surprise en ce pays, il y a trente ans entièrement sauvage! Je somnole cependant et ne me décide à sortir qu'au crépuscule si court de ce pays. La pleine lune rosit déjà le ciel au delà du Tonlésap, surgit peu à peu rouge, énorme comme une lanterne chinoise, et paillette d'or les eaux du fleuve; je dégringole la berge profonde de dix mètres qui contient à peine le cours des eaux à l'époque de la crue. A l'abri de ce mur qui me protège du bruit, je m'absorbe dans la rêverie en observant la vie intime du fleuve infini tout bordé d'embarcations, somnolentes et noires, que pique, de-ci de-là, un lumignon mystérieux. Sur les sampans amarrés les familles silencieuses sont accroupies dans une contemplation muette et des bandes d'enfants nus, un peu fantastiques dans la lumière d'argent, jouent à sauter du bateau à terre. Assourdie, mais stridente cependant, une musique sauvage vient par bribes de l'autre rive. Je suis en pleine vie primitive à deux pas de l'hôtel bruyant et je regrette que la maison sèche m'empêche de gagner par l'eau le Grand Lac pour vivre un jour, parmi les pêcheurs silencieux de l'existence lacustre, si apaisante.

En quittant cet endroit de silence, je m'en vais vers la ville chinoise et je tombe dans la lumière, l'agitation, la frénésie que toute agglomération chinoise comporte et que j'ai décrite longuement ailleurs. Je passe, je m'égare par de belles avenues plantées d'arbres, au delà du palais royal dont les hauts toits contournés dessinent leur silhouette biscornue sur le ciel, vers le quartier cambodgien, fait de cases silencieuses noyées dans la verdure profuse des jardins. De délicieuses pagodes sont là côte à côte. Je pénètre dans leurs cours, leurs stupas de céramique s'érigent avec d'étranges reflets de lune sur les bords des bassins sacrés, dans une paix délicieuse, au milieu du coassement des grenouilles, des grondements métalliques du crapaud buffle et des appels successifs du Tokai, un gros lézard qui du haut des branches répète d'une voix très haute et comme railleuse : Tokai, Tokai. Il fait très chaud, le ciel d'un azur sombre est scintillant d'étoiles; je me sens seul, dépaysé, pénétré d'une atmosphère inconnue, des parfums lourds m'enveloppent, des lucioles fulgurantes volent autour de moi. Grisé de cette ambiance franchement tropicale, je regagne la ville française, pour dîner banalement.

Pnompenh, allongé sur les bords du Tonlésap qui par les messageries fluviales le relie à Saïgon, au Grand Lac, à Angkor, est une grande ville divisée par un canal, sorte de large fossé ou d'égout à ciel ouvert, perpendiculaire au fleuve où il se déverse. Au nord du canal la ville française concentre les hôtels, les palais de la résidence et les bâtiments administratifs autour d'un grand mamelon conique, le Pnom, dominé par la Pagode qui porte son nom et qu'enveloppe un parc abritant le jardin zoologique.

Au sud du canal, jouxtant le fleuve, grouille une vie chinoise aux larges rues bien dessinées, et pleine de vie. Plus loin, à proximité du fleuve, se cache dans la verdure la ville cambodgienne, derrière laquelle s'élèvent le palais royal, la pagode royale, le musée cambodgien entourés de larges espaces aérés et plantés de grands arbres espacés.

Ville diverse, pittoresque, vivante, en plein développement grâce à l'industrie de la soie, aux plantations voisines de caoutchouc et de coton, aux pêcheries du Grand Lac voisin, Pnompenh est destiné à grandir rapidement et possède tout l'espace nécessaire à sa croissance.

Avant de me coucher, je vais flâner dans le parc autour du Pnom, je gravis le raidillon qui y conduit, et je m'assieds sur les marches du temple baigné de lune à hauteur des frondaisons irréelles du jardin : des bonzes drapées viennent errer autour de moi comme des ombres muettes. Tout est silencieux; parfois seulement le cri rauque d'un oiseau inconnu monte des volières voisines.

Le lendemain, le soleil qui entre à flots dans mà chambre vient m'appeler à l'activité. Convenablement douché, orienté par ma promenade nocturne, je vais devant moi, explorant rapidement la ville française bien conçue, agréable, mais sans caractère, m'attardant au jardin zoologique devant tous les échassiers et les rapaces de ce pays qui en est si riche, et devant un crocodile qui met plus d'un quart d'heure à refermer sa gueule béante. Le jardin est charmant, ombragé à souhait, la pagode du Pnom le surplombe de sa pyramide ornée de sculptures et de céramiques et de sa superposition de toits aux angles relevés. De la terrasse du temple on domine le paysage, la plaine parfaitement plate qui fuit à l'infini.

Deux musées requièrent ma visite, le plus voisin sur le bord du canal contient tous les produits du pays joliment classés et fournit tous les renseignements économiques, mais il a une partie infiniment pittoresque : la collection des poissons indigènes déconcertants par leur taille, leurs aspects hérissés, leurs couleurs merveilleuses; le joyau de cet écrin est le poisson-scie qui mesure plus de quatre mètres de long et prolonge son bec par un appendice plat d'un mètre portant sur ses deux tranchants de fantastiques dents de scie de plus de vingt centimètres de hauteur. C'est un monstre qui semble sortir d'une imagination en délire.

L'autre musée archéologique et artistique s'accote presque à l'enceinte du palais royal au milieu d'une vaste pelouse. C'est une grande galerie vitrée du plus joli style cambodgien, qui abrite tous les objets usuels, les bijoux anciens, les costumes du vieux Cambodge, et une merveilleuse collection de sculptures primitives et de débris sculptés des édifices d'Angkor. Il nous initie vraiment et parfaitement au passé du pays qu'on aborde. Doublé de la très belle école d'art décoratif qui lui est adjointe et où se ranime, grâce à nous, dans ce pays sauvage, la tradition en voie de s'éteindre, il fait à la France, et à son directeur, le plus grand honneur.

A côté de lui, le palais royal récemment rebâti, bien que large et somptueusement conçu, avec ses toits en pyramide aux angles cornus, paraît trop neuf, semble un vestige d'une exposition coloniale.

Je connais Pnompenh. Flânant un instant dans le quartier chinois dont la frénésie m'attire toujours, je repasse le canal par un très beau pont, réplique, conçue par un artiste français, des vieux ponts Khmer. Sa rampe se relève aux deux extrêmités par un col de serpent qui s'épanouit en tête de monstre, un naga : je retrouverai Angkor tous les originaux de cet art, mais l'adaption en est ici parfaite.

Il fait très chaud, le soleil au zénith écrase tout de ses rayons et mange les ombres. Un thermomètre abrité en plein nord marque quarante degrés. Cependant l'atmosphère est sèche et légère; on n'éprouve point ici l'accablement et la moiteur de Saïgon, et on conserve le goût d'agir.

Après une boisson glacée avidement savourée, un déjeuner, affreusement quelconque, dans une salle pleine de types amusants de coloniaux, et une courte sieste, volets clos, je reprends mon chemin. Guidé par un commerçant français plein d'humour, je m'initie pendant deux heures à toutes les roueries du commerce chinois, et je pénètre dans les boutiques un peu mystérieuses des malabars graves, imposants sous leur turban, qui vendent la soie du pays; dans les bazars bruyants et désordonnés des syriens qui forment une vraie colonie aux profils sémitiques. Puis je traverse le fleuve en barque pour visiter, sur l'autre rive, un établissement de pisciculture, ou plutôt des viviers.

Dans de longs bassins calmes, ceinturés de verdure, j'assiste à la pêche telle qu'à l'époque du retrait des eaux. On la pratique dans le Grand-Lac, et c'est vraiment une pêche miraculeuse.

Un homme entre dans l'eau jusqu'à la ceinture, quelques enfants l'accompagnent. Il casse en deux un poisson vivant et en jette les morceaux dans le vivier. Instantanément, des bancs compacts de poissons se précipitent sur la proie et, méthodiquement, homme et enfants les saisissent à la main et, en quelques minutes, en remplissent des corbeilles, comme nous cueillerions des fleurs.

Encore tout amusé de cette pêche étrange, je remonte dans mon esquif. La nuit est tombée, la lune se lève baignant doucement le quai dePnompenh, où se déroule l'immense cortège lumineux et bruyant d'une fête chinoise. Des lanternes de papier et des torches s'agitent et s'allongent comme dans une frise de sabbat; des coups de gongs et des appels de flûtes aigres viennent jusqu'à nous, portés par les eaux.

Dès l'aube, le lendemain, je m'embarque dans une auto chinoise pour Angkor où j'espère arriver le soir, curieux de connaître la campagne cambodgienne, dont les habitants viennent d'avance à moi, car l'auto est pleine à craquer. Ils s'amusent comme des enfants de dévorer la route, accroupis et tassés sur les banquettes, patients et gais d'ailleurs, ne cessant de sucer des bouts de cannes à sucre, de manger des fruits, de chiquer le bétel. Ils sont presque noirs, presque nus, à peine drapés d'une étoffe de couleur, le front souvent ceint, en turban, d'une serviette éponge, comme beaucoup d'Arabes de l'Afrique du Nord; et cette serviette sert à tout, essuie tout. Une femme, assez belle d'ailleurs, accompagnée d'un enfant et portant un bébé qu'elle fait téter à tout propos, est derrière moi; je l'observe : c'est une créature purement animale et instinctive; nous sommes déjà loin de la civilisation annamite qui comporte tant de tenue, de réserve et de politesse.

Nous sortons de Pnompenh par un faubourg cambodgien qui n'est qu'un grand jardin allongé suivant le fleuve; les cases, éparses sous les bananiers, dorment dans la lumière tamisée par les grands arbres qui bordent la route rose. Celle-ci file ensuite au nord jusqu'au grand bac du Tonlésap dont la traversée répète celle du Mekong et sur l'autre rive nous pénétrons dans le vrai Cambodge sauvage.

Une plaine infinie s'étend devant nous. A cette époque de l'année, elle est sèche, uniforme jusqu'à perte de vue, et miroite sous le soleil, brûlant déjà, malgré l'heure matinale. Dans le ciel implacable, planent, seuls, décrivant leurs grandes orbes, tous les rapaces de la création, depuis les aigles qui volent très haut, majestueusement, jusqu'aux vautours au col pelé qu'on aperçoit parfois, sinistres, dans le champ voisin, jusqu'à l'épervier et à l'émouchet, jusqu'au corbeau géant surtout, dont les bandes tachent de noir l'azur décoloré par la lumière. Paysage désolé et saisissant, livré aujourd'hui aux ravages des forces cosmiques, mais qui, sous peu de semaines, dans le ruissellement des eaux, renaîtra à une vie nouvelle.

Dans ce désert, une oasis, soudain, apparaît. Un village, enfoui sous les palmes et les bananiers, se tasse au bord d'une rivière, j'allais dire d'un oued, encaissé entre des berges à pic. Il est fait tout entier de cases sur pilotis de bambous, largement ouvertes à l'air, avec un plancher en clayonnage de bambous qui s'avance en terrasse jusqu'à l'escalier.

Dans ce logis rudimentaire, des êtres nus pullulent sous les yeux de tous, hommes, femmes, enfants, tandis que, sous la case, le cochon gratte le sol au milieu des poules qui picorent. Rien ne peut être plus primitif.

Du milieu du pont, sur lequel nous allons traverser la rivière, on embrasse le village entier, réparti sur les deux rives au milieu d'une végétation foisonnante, dominant de très haut le lit profond où l'eau s'écoule entre deux berges rouges, rugueuses, taillées à pic, et s'encombre d'un fouillis de bateaux de toute forme où la pirogue primitive reprend ses droits. On ne peut imaginer que ce fossé si creux se remplira, qu'une large rivière coulera ici à pleins bords, jusqu'à se répandre dans la plaine, et viendra affleurer le plancher des cases en les transformant en habitations lacustres, aux piliers de laquelle les esquifs viendront s'amarrer.

C'est pourtant cet étrange régime de sécheresse absolue et d'inondations alternées qui est celui du Cambodge, dont les descriptions peuvent ainsi être aussi sincères que différentes.

S'arrachant à la foule curieuse des indigènes, l'auto franchit le pont, et, dans un paysage toujours plus incandescent, poursuit sa route jusqu'à Kompongtom, le chef-lieu du cercle où nous retrouvons des maisons, une rue commerçante chinoise, un peu de verdure le long d'une rivière encaissée, et surtout un merveilleux bungalow bien bâti, plein d'ombre et de fraîcheur. Après une longue matinée en plein soleil, le besoin de l'ombre devient impérieux, et il ne semble pas qu'il puisse exister une volupté plus forte que de boire une boisson glacée à l'abri des rayons brûlants. Je goûte égoïstement cette volupté en savourant un excellent déjeuner qui me rend le courage de continuer d'une traite ma course, et je m'embarque dans une nouvelle auto pour Angkor.

Elle traverse la rivière sur un pont et pénètre dans un pays moins désolé, mais toujours plat. Nous parcourons maintenant une immense savane. Des espaces de hautes herbes sont parsemés de bouquets de bois, de touffes de bambous, de très hauts palmiers à sucre; les herbes sont jaunies, les touffes de bambous sèches se dissocient et succombent; mais un nombreux bétail paît dans ces prairies, des buffles, de jolis petits bœufs et, de temps en temps, nous traversons un lambeau de belle forêt, nous voyons verdoyer la brousse à proximité d'une flaque d'eau, d'une mare minuscule. Ces points d'eau sont le rendez-vous de quelques pêcheurs acharnés et d'un monde merveilleux d'échassiers qui font entr'eux la trêve de la soif. Il y a de tout dans ces marais, des marabouts, des pélicans graves qui semblent écrasés sous le poids de leur tête et de leur bec, pénétrés d'importance par leur jabot, des ibis roses immobiles sur leur haute patte, des grues blanches, parées d'une légère aigrette, des grues grises, déambulant avec une élégance exquise, des hérons en quantité, et beaucoup d'autres espèces d'oiseaux d'eau plus petites.

Tous se dressent, se lissent, s'admirent ou fouillent le marais de leur bec.

De temps en temps, la route traverse un village, une file de cases qui l'encadrent des deux côtés. Sous l'auvent du toit, sur la plate-forme extérieure, des cambodgiens sont accroupis et nous contemplent, comme s'ils s'exhibaient à une exposition coloniale. Les femmes travaillent, coltinent, les hommes assoupis, le regard lointain, surveillent les enfants. Il semble que le grand rêve féministe soit réalisé. Mais si pauvre que soit l'agglomération, un marchand chinois est là, pourvu de tous les objets et de toutes les gourmandises, et la plupart du temps alimente d'essence et d'huile l'auto essoufflée.

Par de semblables paysages, se poursuit, jusqu'au crépuscule, la traversée du Cambodge jusqu'à Siam-Réap, le chef-lieu d'un nouveau cercle, celui dont ressortit Angkor.

La ville de Siam-Réap s'annonce par de très beaux arbres, un fouillis de végétation, une vision de rivière claire qu'enjambe un joli pont qui débouche sur une grande place dont une large halle occupe le centre. Autour de la place, s'épandent tous les bâtiments français, la poste, l'école, les services administratifs, la maison du résident.

En amont et en aval, le long du cours d'eau, le village indigène se propage. Il est plein d'un charme infini. La rivière claire et chantante le traverse et le berce du murmure des eaux, coulant assez rapide sous une belle voûte de verdure. Sur ses deux bords, les cases viennent se baigner, empiétant sur son cours, retenant à leurs piquets une embarcation légère. Dans le courant, près de chaque case, tourne une large roue de bois à palettes, portant chacune, un godet qui va puiser l'eau et la déverse dans une rigole de bambou, d'où elle se répand en mille canaux dans les jardins. Ceux-ci, constamment arrosés sont d'une fertilité extraordinaire; ils me transportent au sein d'une idylle. Cette rivière murmurante, chargée de vie, les grandes norias aux bois vétustes qui tournent sans cesse en exhalant leur chanson grinçante, le ruissellement des eaux, l'exubérance des arbres et des plantes, une fraîcheur relative, tout cela m'emplit d'une sensation de poésie et de bonheur inattendue, particulièrement vive au sortir de la savane sèche et brûlante.

Dans ce cadre, un être étrange se promène majestueusement : un vieil indigène, d'assez haute taille, portant sur sa tête une tiare dorée pyramidale, vêtu d'une tunique rouge brodée d'or. Cérémonieux, il s'avance escorté d'une troupe d'enfants rieurs et nus qui l'accablent de quolibets dont il n'a cure. C'est le roi d'Angkor, qui inlassablement, chaque jour, du matin au soir, visite son domaine, tient un conseil de ses ministres, distribue, de droite et de gauche, éloges et semonces et, respecté de tous, harcelé gentiment par les enfants, vit heureux dans sa merveilleuse illusion de dément.

En contemplant ce lieu de rêve, combien je regrette de ne pas y avoir accédé en pirogue, par la rivière élargie, comme on le fait à la fin de la saison des eaux après avoir remonté le Tonle-Sap et traversé le Grand-Lac sur une chaloupe des messageries fluviales. Combien plus de poésie encore doit avoir ce pays noyé par la crue, quand la nappe épandue du lac entoure les arbres jusqu'aux premières branches !

Vain regret ! Je me contente d'imaginer le spectacle.

La nuit est tombée; il me faut encore rejoindre Angkor qui est à six kilomètres plus loin. L'auto où je m'empresse de remonter y arrive vite par une délicieuse route forestière et me dépose au bungalow dont les ailes sans étage s'étendent autour du corps central, séparées par des cours herbeuses.

J'y prends, avec plaisir, possession d'une chambre très accueillante, avec salle de douches, électricité, tout un confort moderne, et après un brin de toilette, je vais dîner dans une salle à manger quasi luxueuse, aux tables ornées de fleurs, qui me donne l'illusion d'entrer dans un palace.

Je m'évade bientôt de cette salle à manger imprévue où des smokings très courts de toile blanche côtoient des femmes décolletées, pour m'initier sans tarder, sous la lune qui s'est levée, au temple tout voisin. Sa silhouette se dessine sur le ciel lumineux, et, sans guide, je vais vers elle, tout seul. Découverte mystérieuse et merveilleuse.

Méa tot a paté, Méa tot a paté. Ces syllabes retentissent encore à mes oreilles avec leur accent de complainte passionnée et mélancolique. C'est l'incantation à la lune, interminable de deux bonzes accroupis au haut de l'escalier qui monte au temple, au bout de la seconde chaussée monumentale qui va m'y amener.

J'y suis arrivé comme dans un rêve entre trois clartés, celle du ciel et celle de deux étangs qui encadrent la première chaussée.

D'abord, j'ai été tout droit à l'arbre sacré, au banian énorme et étonnamment régulier qui marque l'entrée du lieu saint. J'ai gravi une esplanade de pierre gardée par des monstres à croupe féminine et je me suis engagé sur une très large chaussée dallée, enchanté, dès l'abord, par la première merveille, les deux étangs que la chaussée sépare. Ils fuient sans limite jusqu'à la noire forêt prochaine, noyés de lune et de vapeurs au-dessus desquelles se dressent quelques silhouettes de palmier, immenses et sveltes.

Dans cette solitude irréelle, peuplée du seul coassement du peuple des grenouilles, je me suis avancé lentement, savourant les minutes, vers l'immense galerie sombre et massive qui bouche la chaussée et limite les étangs. Devant un porche monumental, surmonté de trois tours bulbeuses en tébuchant, j'ai escaladé des marches usées, très hautes et dans l'obscurité profonde, j'ai pénétré sous une voûte de cathédrale dont l'écho seul, répercutant mes pas, m'indiquait les dimensions. Les appipels sonores du tokai et du crapaud-buffle ont salué bruyamment mon entrée et m'auraient fait reculer d'effroi s'ils ne m'avaient pas été familiers. Ma vue s'accommodant, sous les rayons de lune filtrant par les embrasures, j'ai vu la voûte ogivale et grandiose suspendue sur ma tête et me suis dirigé vers le porche opposé que la lumière entr'ouvre, avec le frisson d'échapper à l'inconnu. A l'orée de ce porche, je me suis arrêté ébloui : au bout d'une chaussée gigantesque, sous la lumière diffuse de la lune, très loin devant moi, s'élève, sombre, un long bâtiment, dressé, à son centre, en une irréelle pyramide terminée par trois clochetons légers, effilés, aériens, d'où me parvient l'écho d'une mélopée lointaine.

Par la chaussée, tout droit, je suis allé vers le temple entre deux grandes prairies que la fantasmagorie de la lune changeait en étangs et d'ou surgissaient des pavillons élégants et des tiges toutes droites de palmiers.

Derrière moi, le grand dôme trapu que j'ai traversé, maintenant inondé de lumière, devant moi, la silhouette inconnue et grandissante du temple, à ma droite et à ma gauche, ces vastes espaces où bâtiments et arbres surgissent de la buée lumineuse, m'enveloppent d'une impression de rêve féerique.

La mélopée se rapproche, continuant sans trêve ; de très loin m'arrivent aussi, par bribes, des bruits de gongs, de flûtes, des cris et des échos de fête ; les tokais, de leur voix railleuse, les crapauds, de leur appel métallique, et la crécelle des grenouilles m'accompagnent sans répit ; tout seul, je marche dans un songe animé de voix hallucinantes, entouré d'êtres invisibles.

C'est ainsi que je suis arrivé à l'escalier très raide, d'une dizaine de marches, au sommet duquel, accroupis derrière des baguettes d'encens incandescentes, à l'abri de la masse noire du temple, deux bonzes en robe jaune, extatiques devant la lune, psalmodient sans arrêt : *Méa tot a paté. Méa tot a paté*, ces syllabes inconnues chargées pour moi maintenant de tant d'images et de souvenirs. J'ai médité quelques instants, j'ai salué les bonzes et, lentement, pénétré d'une grâce nouvelle, je suis revenu sur mes pas, palpant la balustrade harmonieuse et puissante de la chaussée, enthousiasmé de ma découverte.

La lune blanchit maintenant, saupoudre de neige le paysage qu'elle m'offrait tout à l'heure en silhouette. Tout est vague, flou, indécis, idéal. Je flâne, je m'arrête, j'absorbe les échos de la fête villageoise. J'emporte, complète, indélébile, la vision que je suis venu chercher, j'écoute les voix de la volupté qui noie toute cette grandeur, dans la douceur moite d'une nuit sans pareille, sous le signe des astres inconnus : je connais l'exaltation intime et concentrée de la beauté que, seul, le voyage solitaire procure.

Je rentre à l'hôtel, transporté. J'y trouve dans le salon deux Français qui profèrent gravement des âneries médicales et quatre anglais corrects, étendus sur des rocking-chairs, sous l'onde des ventilateurs et qui rient de puérilités.

Quelle chance de n'avoir eu pour compagnons aucun de ces hommes et d'avoir échappé à leurs commentaires !

Le lendemain, je m'éveille sous un ciel immaculé.

Dès le seuil du bungalow, la masse architecturale d'Angkorwatt se dresse dans la vibration de la lumière, non plus indécise et vaporeuse, mais nette et déterminée. Deux grands éléphants élastiques et solennels qui passent sur la route, conduits par des cornacs au turban rose et violet, font ressortir ses proportions inaccoutumées. Je reprends le chemin de la veille. Sous le grand banian, dans l'ombre religieuse, un petit marché se tient ; devant les paniers de fruits, des peaux bronzées et des lambeaux d'étoffes voyantes tachent le cercle de protection, les bêtes somnolentes s'y réfugient avec les marchands. Seule, sous le grand soleil, une vache patauge dans l'étang sacré en ruminant sur ses bords. Au bout de la chaussée de pierre, mangée de lumière, l'immense colonnade du bâtiment d'entrée allonge sa galerie ouvragée aux toits arrondis et étagés, dresse les trois bulbes qui surmontent le porche central dominateur et massif.

Des pavillons élégants plus élevés que la galerie terminant les ailes, harmonieusement; vers eux d'un côté, vers le porche central de l'autre. Les toits de la galerie semblent grimper en une ligne serpentine et dentelée, sur deux cents mètres de long.

Accompagné de deux enfants, nus, gentils et souriants que j'ai dénichés sous le banian, je gravis l'esplanade de la chaussée aux sons monotones, d'une flûte en bambou dont joue l'un d'eux, flûte cambodgienne toute primitive où la langue fait vibrer une lame taillée dans une fente de bambou.

Cette ample esplanade en demi lune où accèdent trois escaliers, sur ses trois faces, fixe immédiatement l'attention, par deux griffons grotesques à croupe féminine qui la gardent et par les têtes de Naga qui se dressent majestueusement aux extrêmités des balustrades. Celles-ci, là, comme dans tout le temple, viennent se terminer en une large courbe serpentine qui s'aplatit et s'étale, triangulaire comme la tête d'un serpent gigantesque, épanouie comme une palme triomphale. Sept digitations divisent cette tête symbolique et, au bout de chacune d'elles, une effigie de monstre humain vous regarde, encadrée d'un frisselis de pierre, semblable à une chevelure foisonnante. Motif décoratif d'un grand effet, coupant heureusement les lignes droites de l'architecture et que répète tout l'édifice.

Me voici de nouveau sur la chaussée dallée, large de douze mètres, qui sépare les étangs. Un cercle de verdure sombre et puissante les limite, de grands lotus blancs et roses en jaillissent, mêlés à de belles grappes violettes, fleurs d'eau qui rappellent, à s'y méprendre, les jacinthes géantes de nos fleuristes. Vers eux, du milieu de la chaussée, descendent, à droite et à gauche, deux larges escaliers à rampe monumentale où accèdent les barques à la saison des eaux.

Tout est beau dans cette arrivée, d'un art raffiné et gigantesque.

Le porche, dominé de ses clochetons pyramidaux à quatre étages effilés en bulbe, m'accueille dans son ombre délicieusement fraîche, et je m'engage sous les galeries latérales que j'ai devinées dans la nuit. Leurs larges baies rectangulaires, barrées de colonnettes, leurs sculptures, tout m'enseigne et provoque en moi d'impérieuses comparai-

sons. Ces embrasures massives, coupées de colonnettes de pierre cannelées, les rinceaux, les maca-
rons harmonieux et très délicats qui les bordent,
ainsi que les toits de pierre demi cylindriques et
trapus qui les dominent, me rappellent invinciblement la renaissance florentine; mais les colonnes
quadrangulaires dont le pied trapu, à neuf ner-
vures, semble un pied animal, les motifs sculptu-
raux des danseuses, des apsaras, à l'infini répétés
sur les murs me rejettent vers l'Inde hiératique
ou bachique. En dépit de ce mélange, tout est
simple cependant et infiniment harmonieux; les
entablements des colonnes se terminent sans fiori-
tures et plaisent par la seule perfection de leurs
proportions.

Muni de ces images essentielles des apsaras et
des nagas, je rejoins, par le même dôme de pierre
où, dans l'ombre, hier soir, j'ai tremblé et que
pénètrent maintenant des rais de soleil, la cour
principale. Epanouie dans la splendeur du jour,
elle est plus belle encore que la nuit : ici l'illusion
est inutile.

Au bout de son immense chaussée largement
dallée, de trois cents mètres de long, sur vingt
de large, bordée d'une double balustrade aussi
massive qu'élégante, le temple s'élève au ciel
comme une merveille de grâce ailée, grimpant avec
ses pavillons, ses terrasses et ses tours, à l'assaut
du grand minaret central qui le domine de plus
de quatre-vingts mètres. Je vole vers lui.

Comment un tel cube architectural de deux cents mètres de côté, fait de pierres de taille massives, peut-il donner une impression de grâce et de légèreté? Voilà un miracle plus grand que celui des pyramides d'Egypte. Le problème s'impose à moi. Après quelques mesures, je le résouds très vite. C'est qu'ici, strictement, a été appliquée la règle d'or, l'alternance de la moyenne et extrême raisons.

Mais pourquoi discuter? Je veux emplir de ces formes mes yeux et mon cerveau. Par le vieil escalier usé, par l'esplanade où les bonzes chantaient hier soir, négligeant la vérandah extérieure, je pénètre dans la première enceinte qui enclôt le premier des trois étages du temple.

Une admirable galerie ogivale et sombre la traverse, ouvrant ses baies sur les larges cours intérieures baignées de lumière que d'autres galeries circonscrivent. Une galerie transversale coupe à angle droit celle où j'ai pénétré, et divise avec elle l'étage en quatre cours groupées autour de la masse centrale de l'édifice. Au milieu de chacune de ces cours s'élève un petit temple à moitié ruiné; des fleurs y poussent entre les pierres. Une paix profonde règne dans ces enclos où l'ombre alterne délicieusement avec la lumière, des bonzes lents dans leur peplum jaune soufre y déambulent en jetant des éclairs de couleur. Dans les galeries latérales, sous la poussière, s'accumulent de vieilles statues de bois des divinités qui semblent y trouver leurs invalides.

Un escalier, à moitié abrité du soleil, monte au second étage beaucoup moins vaste et non moins délicieux. Circonscrit par quatre tours octogonales découronnées qui marquent ses angles et que réunit une galerie ajourée étroite et élégante ouverte sur la campagne, il répète dans l'ensemble la disposition cruciale du premier étage, mais contient des merveilles plus délicates. D'abord, dès l'entrée, flanquant l'escalier qui, presqu'à pic, en pleine lumière, monte au troisième étage, deux pavillons un peu surbaissés, du plus pur style florentin; puis, à droite et à gauche de l'entrée, dans les cours latérales, deux temples à colonnes d'une sobriété parfaite sur leur parvis qui semblent transportés de la Grèce. Sur cette plate-forme, relativement petite, les quatre cours, les tours d'angle, les galeries aux parois sculptées, ces monuments charmants et le grand escalier qui, d'un jet, sur les quatre faces, monte au troisième étage, composent un ensemble étourdissant de puissance, de grâce, de richesse, plus tumultueux que l'ensemble du premier et tout ouvert à l'ambiance de la forêt.

Monter au troisième étage est un exploit d'alpiniste tant l'escalier qui y conduit est raide et usé, mais le spectacle qu'on y acquiert est la suprême récompense.

La plate-forme, assez étroite, est tout orientée

vers l'admirable clocheton bulbeux et effilé qui, de sa base massive, creusée de temples obscurs, jaillit d'un grand élan comme pour conquérir le ciel. Les quatre cloîtres qui l'entourent collés au minaret, par une disposition architecturale merveilleuse, semblent entraînés par lui dans son ascension, les colonettes et les arceaux de leur angle central venant escalader et accompagner son flanc. Aux quatre angles de la plateforme des minarets, semblables au central, célèbrent son érection victorieuse en essayant de l'imiter. Je ne connais rien de plus sobre et de plus merveilleux que les quatre cloîtres du troisième étage si semblables d'ailleurs à tous points de vue, aux cloîtres chrétiens.

Deux rangs de colonnes rectangulaires très peu ornées dessinent le cloître, simples, sauf aux angles où elles sont jumelées. Les galeries latérales sont ogivales de l'ogive surbaissé d'une crypte gothique, et de larges baies carrées ornées de colonnettes, autour de chaque cloître, s'ouvrent sur la campagne.

Par ces baies ajourées toute la nature monte jusqu'à l'impétrant, recueilli après ses génuflexions devant le bouddha doré, au pied du minaret puissant et élégant, usé par les siècles, encore orné de vestiges de sculptures et tout couronné de verdure.

De là-haut le regard plonge jusqu'au fin fonds des horizons d'où la forêt vierge de toutes parts, en vagues moutonnantes, paraît donner l'assaut au temple. Avec ses arbres colossaux de teinte un peu terne et son bruissement perpétuel de vie, elle semble ronger de toutes parts l'enceinte lointaine des terrains sacrés, le grand rectangle enclos de murs qui enferme avec le temple, les villages des bonzes, des cabanes en bambous, des champs et des jardins parsemés de hauts palmiers à sucre.

Dans ces espaces des groupes d'hommes et de femmes paraissent flâner, méditatifs; leurs peplums violets, jaunes ou verts, leurs turbans bleu de ciel ou rose, tachent de couleur la verdure sombre.

Tel apparaît le temple d'Angkor Vat de sa base à son faîte, bijou énorme serti de la nature envahissante; mais ni son dispositif général, ni son cadre ne sont tout; mille détails précieux viennent parer le colosse; certaines colonnes paraissent portées par un cercle de vieillards songeurs, à la barbe allongée, coiffés de la tiare égyptienne, accroupis dans la posture de bouddha, adorables statuettes symboliques de la chétivité de l'homme victorieux de la matière.

Le long des murs pullule l'essaim des danseuses et des apsaras, en des bas-reliefs d'une ligne pure et d'une finesse incroyable. Les unes frénétiques et lippues, déhanchées, les cuisses écartées, les jambes soulevées par l'élan de la danse désignent leur sexe du pied et du regard; les autres, sommées d'une tiare, très élevée et conique, parées de bijoux, jouant avec une fleur, hiératiques, immobiles, indifférentes, presque boudeuses regardent couler entre leurs seins, vers leur sexe, un serpent qui les enlace et dont la tête, entre leurs doigts caressants et complices, se dirige vers le lieu sacré. D'autres, semblables à l'Isis égyptienne, expriment d'une main leur sein lourd de lait et désignent de l'autre la région sexuelle. Toutes ces images de reproduction, d'ivresse ou de contacts sexuels, reproduits sur tous les murs avec peu de variantes, ont nettement un caractère sacré sans rien d'impur, ni d'équivoque. Les attitudes lubriques elles-mêmes expriment la fatalité de l'amour et le devoir de fécondité, imposé à la femme comme une charge, apparaît dans toute sa gravité sur le visage de ces prêtresses impassibles dont la face ne s'anime d'aucun sourire, tandis qu'elles palpent, comme pour accomplir un rite, le bourgeon phallique qui les menace.

A L'Apsara d,Angkor

Sonnet

Immortelle Apsara, fleur exquise d'Angkor,
Toute vouée au rite et comme indifférente,
Au reptile sacré qui, vers ton sein, serpente.
Dans le Temps fugitif abandonne ton corps!

Suis, d'un chaste regard, ses retraits, ses essors.
Subis son charme doux, sa force insinuante :
Pour l'instant solennel des suprêmes ententes.
Avec le grand Désir médite ton accord.

Caresse innocemment l'étamine féconde,
Du pollen généreux doit naître un jeune monde
Capable de dresser d'autres temples géants

Aux dieux évocateurs de la beauté nouvelle
Et d'inspirer, surpris aux pentes du Néant,
L'architecte incertain de la Forme éternelle.

Tandis que je contemple les sculptures en m'efforçant d'en pénétrer l'esprit et que je conçois ces vers dans l'ombre fraîche des galeries du second étage, un groupe de bonzes en chlamyde jaune soufre, m'arrête. La plupart sont de jeunes hommes à physionomie assez fine, ils s'efforcent d'entrer en conversation avec moi; je m'accroupis à côté d'eux dans un vivifiant courant d'air. Pour terminer l'entretien avorté, faute de moyens d'expressions, l'un d'eux me module amoureusement un air de flûte Khmer. Je les quitte avec de grands saluts. Mes deux jeunes compagnons qui m'ont fidèlement suivi s'amusent à me voir descendre avec précaution les marches usées et glissantes qu'ils dégringolent en courant et s'efforcent de m'apprendre à compter en cambodgien. En retraversant la chaussée de la grande cour, ils me font visiter les deux charmants pavillons qui la flanquent et qui passent pour avoir été des bibliothèques; après tant de merveilles, j'admire encore cependant leur grâce et leurs proportions et, vraiment saoûl de découvertes, d'impressions et de souvenirs, je rentre au bengalow où m'attend un délicieux déjeûner.

Après une courte sieste, je décide de consacrer à Angkor Vat tout le reste de ma journée et je retourne dans le temple : j'y suis tout seul sous le grand soleil. Dès qu'il se décide à tomber, désormais seul au sommet du troisième étage, j'imite les bonzes qui, couchés dans l'ombre de la face nord, se sont dévêtus pour jouir d'une caresse plus fraîche de l'air.

L'énorme cube de pierres se dore peu à peu merveilleusement, puis rosit par places à mesure que le soleil décline. Je rêve, troublé seulement par un remue-ménage formidable d'ailes et de petits cris, à mes pieds. C'est la concentration des chauve-souris dans les galeries du second étage. Je descends pour les regarder. Elles tapissent l'immense voûte sombre d'une épaisse couche, tassée, sans un intervalle.

Maintenant la nuit est tombée, je m'attarde sur l'esplanade du temple à regarder les étoiles s'allumer une à une, quand, tout à coup, de l'angle nord du second étage sourd un ruban noir, large de plus de deux mètres, épais d'un mètre au moins, qui monte en serpentant dans le ciel et s'allonge, extraordinairement pendant plusieurs minutes. Le bataillon des chauves-souris, dans un ordre militaire, quitte le temple pour se répandre dans la forêt.

Les jours suivants, à sept heures et quart

exactement, la même évasion s'est reproduite; j'ai chronométré le défilé qui dure tout près de trois minutes et ne comporte pas moins de 70 à 75 mille paires d'après l'estimation la plus modérée : témoignage déconcertant de la surabondante vie tropicale!

Ayant conquis le temple, j'ai voulu en faire le tour dans la matinée du lendemain. Toute l'aire de son domaine, un carré de deux kilomètres de côté, est protégée par un large fossé plein d'eau et un rempart en pierre ou en pisé. Le fossé foisonne de lotus et de ces grappes de fleurs violettes que j'ai signalées l'entourant d'une ceinture de fleurs aquatiques. Le rempart se réduit souvent à un mur que trouent de ci de là des portes. Le monument domine ce parc enclos et se présente sous tous ses angles avec des aspects variés; mais cette promenade qui commence par une belle route, se termine par des sentiers déserts en pleine forêt, sans indication pour me guider. Je m'égare parmi le peuple des singes, me repérant, de loin en loin, par la silhouette du minaret, fantomatique du sein des arbres. Ce côté de la forêt n'est pas très beau; mais les singes y pullulent et ne se laissent point ignorer; de branches en branches ils se livrent, en poussant des cris aigus, à une sarabande effrénée et me bombardent sans trève de branches et d'écorces dont la chute près de moi me surprend tout d'abord. J'en ai vite trouvé la cause. Des gibbons à longue queue, hauts de près d'un mètre, me pour-

suivent du faîte des grands arbres, s'arrêtant parfois devant moi et, suspendus par leur queue, me
font des grimaces menaçantes et délicieuses. Je
m'amuse à ce jeu et ils comprennent que j'y prends
part. En me laissant entraîner par eux j'arrive tout
à coup à une lisière; à travers la brousse j'aperçois
une route rose sur laquelle chemine un éléphant
et je me trouve sur la grande route d'Angkor-
Thom tout près de l'entrée de la ville.

De très larges fossés la précèdent s'étendant de
chaque côté de la route en délicieux étangs pleins
de verdure et de fleurs entre la forêt et le rempart.
Derrière ces étangs une belle muraille d'une
dizaine de mètres de haut, décorée d'un faîte
crênelé, s'élève et contient une autre forêt. Dans ce
décor la route aboutit à une porte splendide large
et haute, dominée par une pyramide de pierre en
forme de tiare. Une puissante effigie humaine évoquant une sculpture égyptienne, une face énorme et
vivante qui semble vous contempler, orne la base
des quatre faces de la pyramide et cette effigie est
surmontée d'une décoration florale, un lotus, dit-
on. Deux fortes colonnes limitent la porte ogivale
et en avant d'elle, à droite et à gauche, une file
de géants accroupis d'une allure également égyptienne soutient un long serpent de pierre à tête
monstrueuse qui fait comme une balustrade au
pont d'accès. Murailles et portes sont en partie
ruinées par la végétation qui les enveloppe. Voilà
l'entrée d'une autre merveille, la plus ancienne, la

ville royale, toute ceinte d'une fortification de douze kilomètres de tour, qui enclôt aujourd'hui une forêt vierge, des étangs sacrés et une foule de monuments merveilleux. Je me contente de deviner tout cela derrière la porte monumentale et de visiter une petite pagode en ruine, placée en avant de l'enceinte sur un monticule et tout en élévation, conique comme une immense termitière. De grands arbres l'enveloppent, la couvrent et la disloquent; des blocs de pierre éboulés à ses pieds témoignent du travail destructeur de la végétation. Mais quel charme confère à la ruine cette communion avec la nature!

Il faut rentrer pour le déjeûner, je me laisse cependant encore entraîner à gravir un monticule assez élevé, tout couvert de forêts, du haut duquel la vue s'étend sur Angkor et toute la plaine environnante par delà les arbres, et je reprends la route merveilleuse qui me ramène au bungalow, immense avenue que la grandiose futaie borde des deux côtés.

Orienté vers Angkor Thom, je déjeûne, je laisse passer une heure brûlante et je reprends le chemin de la ville dont la porte est à 1.500 mètres de l'hôtellerie.

Dans l'enthousiasme, j'avance plein d'entrain vers ma nouvelle découverte.

Une surprise délicieuse m'attend sur mon chemin. Sur un des bas-côtés de la route, une famille de grands singes gris qui semblent ceux du Ramayana, est accroupie tranquille et attentive. A côté du père et de la mère, les petits se groupent et jouent. Ils regardent passer hommes, éléphants et surtout autos d'un regard intelligent et nullement effarouché, aussi naturellement qu'une famille parisienne, le dimanche, sur le talus de la route de Picardie. Commenceraient-ils à différencier déjà une Unic d'une Citroën, les marques du pays?

La porte d'Angkor Thom franchie, l'Avenue continue presque droite, puis un peu infléchie et, au bout de plus d'un kilomètre, débouche sur une grande clairière, ceinturée de routes au milieu de laquelle se dresse, au centre de la forêt qui a remplacé la ville, une nouvelle merveille, un autre temple de plus de cent mètres de côté, pyramide à trois étages surmontés d'un minaret pyramidal, flanquée d'autres minarets bulbeux singuliers, sur le flanc desquels d'immenses faces humaines ouvrent en tous sens, sur la forêt ambiante, des regards impressionnants. Je suis au Bayon, au temple antique, étrange avec ses minarets découronnés, ses pierres disjointes, la végétation qui l'envahit encore en partie.

De prime abord plus massif, moins élancé qu'Angkor Vat, il me séduit beaucoup moins que lui, mais j'en fais le tour, je me familiarise avec son ensemble, je suis saisi par son aspect vétuste, son effondrement partiel, son allure de ruine sauvage, et dès que j'y pénètre, je suis conquis par une foule de détails élégants et surtout par la surabondance de la décoration sculpturale. Il n'est pas un coin sans bas-reliefs merveilleusement conservés et, surtout, à côté des motifs classiques de danseuses, je découvre de grands ensembles, des scènes de chasse, de pêche, de bataille, qui doivent être pour les archéologues de précieuses mines de recherches : toute la vie du IXe siècle est représentée ici par des témoignages presqu'inaltérés. Des escaliers disjoints, des voûtes se succèdent. Sous l'une d'elles je m'arrête dans un courant d'air salubre avec une sensation d'insécurité et d'accablement, un frôlement d'ailes inquiétant attire mon attention : une nichée de grands ducs est sous la voûte et me contemple : ce lieu tout entier est un repaire de rapaces nocturnes comme Angkor Vat de chauves-souris. Sur la terrasse du sud de délicieux pavillons se dressent, je m'y repose un instant et, dans un chaos de pierres disjointes, je descends à travers les broussailles pour regarder encore une fois l'ensemble, frappé par l'aspect bulbeux et phallique des minarets qui impriment à tout le temple un aspect plus primitif et beaucoup moins idéal que celui d'Angkor Vat.

Je continue ma route vers les monuments plus lointains parsemés dans l'enceinte de la ville, dans la forêt qui l'a tout entière envahie et remplacée. A quelques centaines de mètres au nord du Bayon, un indicateur m'engage sur un sentier à peine foulé dans la forêt et me dirige vers le Baphuon, le Phiémenacas que j'ai vus trop vite et qui ne m'ont laissé que des impressions admirables et confuses d'amas de ruines entr'aperçus parmi les arbres exubérants.

Un vestige de chaussée dallée aboutissant à un escalier en ruine, à un portail dominé par un dôme arrondi que mange un bouquet d'arbres, une galerie à moitié effondrée à laquelle on accède par un escalier qui part du portail, tout cela à peine dégagé de la forêt, voilà l'image qui me reste du Baphuon, image plus délicieuse par le jet des grands arbres érigés dans la cour d'entrée en partie déblayée que par un ensemble architectural.

Un grand entablement de pierre massive supporté par de puissantes colonnes harmonieuses et par des figures de colosses ; un long bas-relief représentant une scène équestre, une armée en marche, c'est le seul souvenir qui demeure en moi du Phiemenacas, mais ces souvenirs sont encadrés d'une brousse surabondante, tumultueuse, qui fait à ces vieilles pierres un entourage étourdissant et leur donne un relief inexprimable. Seront-elles plus belles dégagées ? je crains que non, car ce qui reste n'est pas suffisant pour assaillir l'imagination comme Angkorvat.

Je m'en vais par les sentiers à travers la forêt vierge, aménagée ici assez pour qu'on puisse, sans danger, en goûter les apparences essentielles : les grands fûts, le dôme immense, les fougères arborescentes et les lianes folles, la végétation hérissée et rampante du sol. Le soleil décline, de longs rayons éclairent le sous-bois, les voix de la forêt saluent l'agonie du jour d'un immense concert harmonieux et strident auprès duquel le chant de nos insectes, dans les plus beaux jours de l'été, n'est qu'un murmure insignifiant. Une furtive robe jaune de bonze passe de temps en temps. Je me laisse aller à toutes les sensations éparses, las d'avoir trop regardé et comparé.

Dans la nuit, je vais revoir le départ des chauve-souris d'Angkortvat qui dessine, à l'heure dite, dans le ciel d'un bleu de porcelaine, son immense, son interminable serpent noir.

Après dîner, je rejoins sur la terrasse du temple mes bonzes familiers au milieu desquels je m'accroupis après leur avoir offert des cigarettes. Ils me régalent d'un incomparable concert de flûte cambodgienne en attendant le lever plus tardif de la lune.

J'ai limité le programme de mon troisième et dernier jour d'Angkor, je reverrai sans hâte les lieux visités et je ferai la connaissance du Prakkhan, cette ville annexe de Angkorthom.

A côté d'Angkorvat et du Bayon, le Prakkhan est l'endroit le plus riche et le plus frappant du groupe d'Angkor. Situé au nord-est de la ville, dans une enceinte séparée, entourée d'une douve, c'est un vrai parc sauvage, auquel on accède au delà du fossé qui l'enveloppe par un triple porche en ruine précédé d'une balustrade serpentine dont le vestige est porté par un géant.

Cette entrée est très belle : la porte centrale surmontée d'une tiare à quatre étages, épanouie au sommet en fleurs de lotus, les deux passages latéraux étroits également sommés d'une pyramide plus basse en ruine. Au delà de cette porte, un sentier dans la forêt victorieuse m'amène à la seconde enceinte qui transparaît tout à coup, massive et sculptée, au travers d'un incroyable rideau de lianes tortueuses, enchevêtrées, tapissant le toit demi cylindrique d'une véritable chevelure emmêlée; une triple colonne de racines adventices, s'enfonce devant la porte harmonieuse aux piliers carrés, et de grands aloès alentour épanouissent leur gerbe au-dessus d'un fouillis de plantes rampantes. Je pénètre dans la cour intérieure où se dressent d'immenses vestiges de temples, des voûtes effondrées, des pyramides découronnées dominées par des arbres colossaux; l'un d'eux, d'une fantastique racine bifurquée, chevauche une voûte basse et vient s'enfoncer de chaque côté d'elle, la masquant comme par les racines d'une dent monstrueuse. Le spectacle végétal est si grandiose que je renonce à suivre un plan, à reconstituer la disposition primitive des bâtiments détruits, m'arrêtant seulement devant le détail des débris pour admirer un mur troué de belles baies carrées qu'encadrent de jolis rinceaux au milieu desquels niche une apsara, pour m'ébahir devant un large entablement de dalles disjointes soutenu par de massives colonnes rondes au chapiteau grossièrement sculpté qui rappelle étonnamment des colonnes romanes primitives.

Qu'importe d'ailleurs pour un profane de s'évertuer à reproduire ce qui est mort; des monceaux de décombres séparent les parties à peu près intactes de l'édifice, bouchent les galeries. Ce qui est grand, c'est cette lutte de l'œuvre humaine aux vestiges délicieux, contre la nature sauvage, ce contraste de la pensée gravée et de la force naturelle et nulle part mieux qu'ici on ne peut en posséder une représentation saisissante. A regret, je quitte le Prakkham, je rentre dans Angkor Thom par la porte du Nord, plus belle que celle du sud, gardant des traces plus évidentes de sculpture, et bientôt, après avoir contemplé une autre fois le Bayon, je quitte la route pour flâner dans les sentiers de la forêt presque silencieuse en cette heure accablante de midi et ruisselante des rayons verticaux du soleil. Je rejoins le chemin de ronde de la muraille d'enceinte et je le suis sous une voûte de verdure pour atteindre la porte du sud et l'Avenue, qui me reconduit vers la douche et le déjeuner.

Je consacre un peu mélancoliquement mes dernières heures à Angkorvat. J'aurais à visiter beaucoup de vestiges d'autres temples, car alentour tout un grand pays est semé de ruines; mais je connais l'essentiel et j'en désire fixer l'image au fond de moi.

Je déambule donc sans hâte sous les immenses

galeries extérieures du temple que j'ai juste aperçues sans les visiter. Il y fait une fraîcheur relative sous le toit de pierre en forme de segment de cylindre que soutient une double colonnade de colonnes rectangulaire. Les larges baies carrées grillagées de colonnettes regardent la cour d'honneur. Les galeries sont un peu plus larges que celles du bâtiment d'entrée, mais les rappellent par tous leurs détails ornementaux; elles semblent infinies, se prolongent sur plus de huit cents mètres et cette immense vérandah est le plus varié, le plus instructif des musées. Sur presque toute sa longueur, il est orné de bas reliefs représentant des scènes militaires, des scènes de guerre d'une folle fantaisie, des scènes navales très belles, une grande partie de la légende du Ramayana, des panneaux où le ciel et les supplices de l'enfer sont figurés sous des traits parfaitement analogues à ceux des scènes chrétiennes du même ordre. Il semble qu'ici s'accumule le fonds commun où toute l'humanité a puisé : il faudrait des semaines pour en prendre connaissance.

Etourdi de tant d'aperçus, l'esprit fatigué, je traverse la cour et je retourne contempler les deux bibliothèques qui flanquent la chaussée centrale. Elles sont aussi sobres et pures que des temples grecs, gardant dans leurs proportions mesurées toute leur importance à côté de l'énorme masse du temple. Leur large escalier, le grand porche monumental, un peu ogival flanqué de hautes colonnes rectangulaires, les amples baies carrées encadrées de colonnes moins hautes, le toit demi cylindrique qui décroît de hauteur vers les extrémités, composent un ensemble vraiment adorable de majesté et de grâce et, là où le toit s'est effondré, où sur l'esplanade nue, les colonnes isolées se dressent, seules sur l'azur, reliées par des fragments de portique, on se trouve vraiment en face d'une ruine grecque dont chaque détail garde la proportion. Les hauts palmiers à sucre dont le panache domine de très haut ces pavillons exquis, évoquent le palmier solitaire qui, dans notre Italie et notre Orient, souligne si heureusement la beauté des ruines.

Pour finir ma journée, je gravis de nouveau le temple jusqu'au sommet, et je vais me coucher nu sur la pierre à l'orée des cloîtres que j'aime tant. Une dernière fois, dans la caresse de l'air, je regarde le monument se dorer sous le soleil déclinant et le dôme de la forêt onduler en vagues infinies. Demain je quitterai tout cela, pour ne la revoir probablement jamais plus.

Tandis que je me livre à cette délectation morose, le voyage, l'Europe viennent inopinément me surprendre; par groupes, ceux qui seront, jusqu'à Marseille, mes compagnons d'ailleurs charmants pénètrent dans ma retraite, m'obligeant à reprendre, en hâte, une tenue décente; nous faisons connaissance et, à la nuit tombée, sous l'exode quotidien des chauves-souris, nous reprenons ensemble le chemin du bungalow, nous donnant rendez-vous à Réam d'où nous gagnerons Bangkok par mer.

Dès l'aube, je monte dans l'auto postale, je jette un dernier regard au grand temple qui émerge, une fois de plus, depuis des siècles des vapeurs des lacs, dans la fraîcheur du matin et par la route forestière je retrouve Siam Reap, plus frais que jamais dans le ruissellement de ses norias, couronné de ses aréquiers graciles et aériens. Nous faisons une pause d'une demi-heure pour prendre les sacs postaux ; j'en profite pour visiter le marché, pour me mêler à la foule cambodgienne dont les belles nudités bronzées s'animent des couleurs variées des peplums et des turbans et dont les faces rappellent déjà le type indou entièrement différent du type annamite. Mais des appels retentissent, il faut quitter ce lieu charmant pour affronter, à nouveau, durant une longue journée, la savane brûlante du Cambodge.

Le retour s'effectue comme l'aller ; après un arrêt pour déjeuner au très sympathique bungalow de Kompongthom, je rejoins Pnompenh à la nuit ; mais, miracle, ce pays sec, cette plaine immense ont cessé de me surprendre et de m'accabler. J'y trouve la poésie des grands espaces, de la liberté sans limite par laquelle vous conquièrent les bleds africains et la traversée de l'immense Tonlésap, sous un splendide coucher de soleil, laisse en moi une image profonde de majesté mélancolique.

En dépit de ma lassitude, après dîner, je me replonge pendant une heure dans la frénésie lumineuse et bruyante du quartier chinois de Phnom-penh, toujours en ébullition; et, ayant assuré mon bagage, je m'endors hanté de visions discordantes.

Cinq heures du matin, une douche rapide et le départ, de nouveau, dans l'auto chinoise, pour Kampot et Réam. Nous sortons par la porte de l'Ouest et, après un faubourg, quelques jardins, nous abordons de nouveau la plaine, l'immense plaine cambodgienne.

Des rizières sèches, des bouquets de brousse, des étendues d'herbes brûlées où paissent d'assez beaux bœufs, des palmiers à sucre immenses, au flanc desquels grimpe une sorte d'échelle de bambou, quelques petits villages, enfin une forêt basse que surmonte au lointain la ligne idéalement bleue d'une montagne, tel est le paysage monotone jusqu'à Kampot. Heureusement la route est belle, roulante, propice aux allures rapides, et vers onze heures nous nous arrêtons devant le bungalow de Kampot, un peu poussiéreux, un peu négligé, mais tenu par des hôtes aimables auxquels je commande mon déjeuner.

Pendant qu'ils le préparent, je sors sous le soleil écrasant et je subis un véritable enchantement. Une rivière rapide et large aux eaux limpides, coule à pleins bords dans une végétation puissante et merveilleuse : des bananiers immenses, des coco-tiers somptueux, des palmiers à l'huile et à sucre;

sur les deux rives, enfouies sous les arbres, des cases cambodgiennes se succèdent minuscules sur leurs pilotis et tout ouvertes à la lumière, des embarcations nombreuses, des pirogues surtout et des engins de pêche de forme primitive faits de bambous et de jonc, animent la rivière qu'un large pont traverse.

De ce pont le paysage est sublime : tandis que d'un côté la rivière fuit vers la mer dans cette débauche de verdure, de l'autre elle s'en va vers la forêt toute voisine, vers la montagne dont elle descend en apportant sa fraîcheur et son éclat. Très haute, très bleue, moutonnante de forêts, la montagne toute proche semble tomber à pic sur la plaine, s'élevant d'un jet et jusqu'au ciel en une sorte de ballon, prolongé très loin, vers le nord, par une longue crête horizontale.

Cela semble tout à fait irréel au sortir de ce pays parfaitement plat et je salue joyeusement cette brusque surrection du sol à plus de mille mètres d'altitude, étonné d'avoir, enfin, à lever les yeux. Tout là-haut un signal géodésique, montre la cote la plus élevée et jalonne la route du Bokor, la station d'altitude du Cambodge qui s'avance plus loin en terrasse sur la forêt et la mer très voisine.

Après un déjeuner merveilleux où je retrouve la plus savoureuse cuisine française dans une salle à manger dont les murs sont ornés de paons sauvages à l'immense envergure et de têtes de cerf géants abattus dans les forêts voisines, je quitte le charmant Kampot.

A peine le pont traversé, nous nous trouvons au milieu de voluptueux jardins et nous traversons de belles plantations de poivre noir dont la liane grimpe très élégante autour de hauts tuteurs en bambous, comme des haricots géants, et bientôt nous atteignons une forêt vierge d'une splendeur encore inconnue qui encadre la route des deux côtés et qui, d'ici, sans une brèche, s'étend vers le nord sur plus de trois cents kilomètres de longueur et soixante de largeur.

A quatre kilomètres du pont, la route du Bokor s'embranche à droite sur celle de Réam et je me décide à faire le détour de soixante kilomètres que comporte aller et retour cette excursion.

Sans un instant abandonner l'épaisse forêt, la route très belle monte par larges lacets dans une étourdissante féérie, entre deux murs d'arbres souvent si hauts qu'un vertige vous saisit lorsque, du haut d'un ravin, on voit plonger leurs fûts droits au fond de l'abîme, dans une gorge étroite comblée d'un fouillis de plantes épineuses, de lianes fleuries, de larges feuilles étalées dans le bouillonnement d'un torrent.

Après une ascension d'une demi heure, nous atteignons le signal géodésique de la crête, dressé sur une large aire déblayée des arbres. Des échelles permettent d'accéder près du sommet et d'embrasser un incroyable panorama.

A mes pieds, la rivière de Kampot qui scintille comme un ruisselet d'argent, traverse la ville et parmi les jardins et les cultures de poivriers se jette dans la mer immsense, parsemée d'îles dont la ligne l'horizon s'élève très haut devant moi. A ma gauche, la plaine infinie du Cambodge noyée dans un miroitement de lumière; derrière moi, la forêt gigantesque qui m'enserre; à ma droite, le flanc de la chaîne de l'Eléphant qui fuit bleuissante dans le lointain, couverte entièrement de l'épaisse toison sylvestre qui moutonne, sans une clairière, jusqu'à la mer, traversée de quelques rivières dont les embouchures seules apparaissent écumeuses parmi les plages découpées. Le spectacle est si grandiose que je renonce à chercher son analogue sur la terrasse du Bokor assez éloigné au bout de la crête où nous sommes et l'imaginant parfaitement dans le décor d'un hôtel qui le gâterait, je rejoins la route de Réam au milieu des essaims de papillons gigantesques dont les violets et les bleus m'arrachent, bien que je les connaisse, des cris d'admiration.

En bas, nous retrouvons la route de plaine qui se déroule, toujours au cœur de la forêt, bordée de yuccas et de lataniers géants dont les feuilles étincellent au soleil. De loin en loin, un défrichement coupe la sylve et ouvre sur la mer voisine une courte échappée. Nous traversons de nombreux arroyos torrentueux qui s'enfoncent au flanc de la montagne dans une inimaginable débauche de verdure toute fraîche ; un crocodile parfois somnole sur leurs bords. Des foulées d'éléphants ouvrent soudain de larges avenues le long desquelles toutes les plantes du sol sont écrasées et les petits arbres arrachés comme par le passage d'une trombe. Partout, je voudrais m'arrêter, regarder, m'imprégner de cette nature exubérante, parfaitement tropicale qui nous enveloppe étroitement ; mais l'auto fuit, franchit quelques pauvres agglomérations, s'écarte un peu de la mer, s'engage par un chemin devenu mauvais dans une plaine humide et féconde, limitée par la montagne à droite et des collines à gauche, et débouche entre deux collines réelement ruisselantes de lianes et de feuillages sur une plage en demi-cercle bordée de cocotiers où des cases cambodgiennes, quelques pauvres magasins, les bâtiments tout neufs de la poste, de la douane et le bungalow en construction s'élèvent, espacés, dans une large aire de forêt brûlée ; nous sommes à Réam.

Réam est un port projeté, dans un endroit parfaitement abrité, extrêmement propice à l'atterrissage qui infailliblement se développera, mais qui, à l'aurore de sa création, permet de goûter dans toute sa saveur la nature tropicale primitive dans le plus émouvant cadre qui soit. La baie entièrement bordée de collines noyées de forêts auquel jamais homme n'a touché, s'arrondit, infiniment élégante, ouverte au nord, protégée du côté du large par une série d'îles découpées, montueuses, couvertes de sylve, qui là ferment entièrement. C'est, au propre sens du terme, une conque de saphir et d'opale sertie d'émeraudes où l'on accède par une plage assez escarpée de sable infiniment fin, dans une mer chaude et toujours calme. Lieu de rêve et de clarté, il éblouit tous ceux qui l'atteignent, par sa grâce, son mystère, ses proportions harmonieuses.

Sur la plage qui continue celle du golfe, au-delà du cap qui le termine, j'ai goûté la plus forte impression de forêt vierge que j'aie ressentie. Tout au long de cette plage désertique de sable coupée de roches, la forêt vient, dans la sauvagerie la plus absolue, se baigner réellement dans la mer, au point que les branches de quelques arbres bas, émergent seuls, à marée haute : paysage intact du monde préhistorique.

A la limite des flots la sylve d'un jet tumultueux se dresse et s'épanouit en dômes prestigieux de verdure. Un véritable rideau de plantes merveilleuses, éblouissantes d'éclat la limite et la clôt comme un temple. Ce rideau tissé de larges feuilles de bananiers, d'immenses yuccas en gerbes épanouies de cinq à six mètres de haut, de lataniers puissants étalant leurs somptueux éventails, de cycas élégants et étagés, de phénix ascendants et légers, de bambous épineux, semble interdire toute pénétration, mais laisse cependant quelques interstices où il est loisible de se glisser. On pénètre alors sous la voûte majestueuse de la forêt primitive dont il est impossible de ne pas conserver une impression religieuse. De la lumière on passe, sans transition, à l'ombre, une ombre grave trouée de quelques rayons. D'immenses fûts droits se dressent de toutes parts à plus de quatre-vingts mètres, sans branches latérales et épanouissent très haut leur frondaison mêlée à celle des arbres voisins. De cette nef, tombent comme une pluie de stalactites des bouquets flottants de racines adventices, dont certaines plus grosses, rigoureusement verticales et calibrées, épaisses comme des bras ou des cuisses plongent jusqu'au sol, tels des étais. D'un arbre à l'autre des lianes légères suspendent des guirlandes, tandis que le puissant rotin déroule ses anneaux jusqu'au sol comme un serpent. Sous ce dôme ouvragé, des arbres mineurs s'efforcent de pousser, engainés d'une adorable ornementation de fougères grimpantes et d'orchidées, d'autres fougères arborescentes élèvent sur des troncs courts une gerbe de grandes feuilles découpées, à côté des cycas et des bambous épineux; le sol lui-même, tapissé de lianes et de très larges feuilles qui en masque les inégalités, est plein de pièges et d'embûches où se réfugient les serpents. De loin en loin se dresse autour d'un arbre ou entre les arbres, un cône de trois mètres et plus de hauteur, régulier, comme une tente, c'est la termitière, qui devient souvent la demeure des fourmis rouges; d'énormes branchages tortueux blancs comme des os dépouillés parsèment la brousse où parfois s'étend, blanc également, comme un cadavre, de toute sa longueur, un arbre géant mort ou arraché avec son immense racine.

Ce spectacle de puissance infinie et désordonnée, à moitié silencieux vers midi, est traversé le soir de bruits sans nombre : le hurlement aigu des singes, les frôlements des serpents et des félins, l'appel éclatant du coq, la voix aigre du paon se mêlent au bourdonnement immense, au chœur harmonieux des insectes, obsédant l'oreille de présences invisibles et innombrables.

Bien souvent en d'autres forêts, mais en celle-ci surtout, en présence de cette confusion permanente de la mort et de la vie surabondante qui en jaillit sans cesse, j'ai songé que dans la jungle s'était sûrement formée, traduisant simplement le spectacle toujours présent, cette philosophie indoue faite d'acceptation, de fatalisme, du sentiment de l'instabilité et de la perpétuelle renaissance dans la transmutation des formes qui a passé du brahmanisme sombre et implacable au boudhisme devenu plus doux et plus compatissant pour consoler l'homme de la rigueur des lois naturelles inévitables, trop évidentes.

En quittant cette forêt sublime, trouvant à son orée une case misérable et ouverte, sur le plancher de laquelle un cambodgien rêvait mélancolique en tremblant de fièvre, j'ai pensé aussi, invinciblement, à l'œuvre immense de l'homme, contraint pour venir à bout de tant de forces adverses, d'abattre le temple primitif au long d'innombrables siècles, pour y substituer la plaine libre, hostile aux fauves et favorable aux cultures, et ce sauvage malade n'est apparu dans sa chétivité et son abandon comme un symbole splendide du travail humain et de la pensée triomphants.

Pénétré de tant de réflexions irrésistibles, j'ai retrouvé dans le flot de la mer chaude l'apaisante volupté. Quel bain, dans un coucher de soleil qui transforme en un lac groseille la baie divine où la mer a si peu de lames qu'assis au bord je puis, en me rhabillant sous un arbre immense, plonger et essuyer mes pieds, sans recevoir une éclaboussure!

Mais il faut songer à un abri pour la nuit qui est brusquement tombée; il n'y a plus pour moi de place au bungalow dont le patron malade de fièvre a laissé la direction à une enfant de douze ans très débrouillée mais sans initiative. Je m'adresse au bureau de télégraphe où un indigène doux et dolent m'accueille d'une façon touchante et me dresse un grabat pliant à côté de son appareil. C'est là, qu'après dîner, je viens m'étendre sans moustiquaire, mais bourré de quinine. Quelle nuit! Mes hôtes sont tous malades, le télégraphiste phtisique ne cesse pas de tousser et ses deux enfants éclatent, sans trève, en quintes de coqueluche; sa femme grelotte et geint, prise d'un accès de fièvre violent. Ayant à peine fermé l'œil, assailli de cauchemars, je vois poindre le jour, comme une délivrance, et après avoir ausculté et examiné tout ce monde pitoyable, donné quelques conseils, je m'évade à peine vêtu sur la plage où je me réfugie sous le soleil levant dans la mer salubre pour me purifier de tous ces germes parmi lesquels j'ai fait mine de reposer.

Oui, les indigènes ont raison, la forêt est une ennemie mortelle et elle est trop proche ici des habitations. Depuis qu'elle est détruite à Kampot, le lieu jadis infesté est devenu parfaitement sain, comme Réam le deviendra à son tour. Mais combien l'eau est caresante! Avec quelle volupté je me plonge dans son miroir d'argent que le soleil levant ride d'ondulations roses. Je crois bien avoir pris là le plus long et le plus tiède bain de mer de ma vie.

Sous le soleil brusquement triomphant et dévorateur, je me rhabille. Au fond du golfe poind un vapeur qui s'approche vite, c'est la Nhibba qui vient nous prendre pour nous mener à Bangkok. Elle arrive pimpante et blanche, accoste à l'estacade de bois qui sert de débarcadère et, mon bagage bouclé, je cours y prendre posssession d'une cabine éclatante de propreté sur la couchette de laquelle j'essaie de réparer mon insomnie avant le déjeuner.

En attendant le départ, tandis qu'on arrime les marchandises amenées au flanc du bateau par des barcasses, pleines de beaux hommes primitifs et nus, nous déjeunons sur le pont protégés par une grande tente de toile. Tout est reluisant, soigné, irréprochable, la nourriture excellente, les boissons glacées. Dans ce coin perdu, nous retrouvons, tout à coup, le confort parfait, presque le luxe et ce contraste un peu brutal ne nous semble point désagréable.

Deux heures : sous le soleil accablant, un coup de sirène retentit, la Nhibba démarre laissant un long sillage frisselant sur le golfe calme, elle s'engage dans la passe rocheuse qui sépare les îles désertes adorables où la forêt règne seule et gagne la haute mer, le golfe du Siam assez houleux.

Adieu Cambodge merveilleux, plaines infinies, fleuves immenses, forêts profondes comme des tombes, temples irréels. Je voyage avec mes compagnons d'Angkor; nous égrenons des impressions et des souvenirs et désormais je ne vais plus être l'explorateur isolé d'un monde ignoré, car au Siam je vais retrouver un médecin français que je connais, les princes royaux, le Roi lui-même que j'ai tous soignés à Paris.

SIAM

Le voyage de Réam à Bangkok sur la pimpante Nhibba est la croisière de plaisance la plus
délicieuse qu'on puisse rêver. Le bateau tout blanc
n'a pas une tache car, sans trêve, un matelot est
occupé à les repeindre; le yacht le plus élégant
n'est pas plus soigné. Pendant trois jours, du lundi
au jeudi de chaque semaine, le vapeur transite le
long de la côte de Siam, faisant escale deux ou
trois fois par jour, à une embouchure de rivière,
à l'abri d'une île perdue pour charger des noix de
coco, des bois de teinture, des poissons secs, même
des crocodiles vivants ficelés comme des ballots, la
gueule occluse par des cordes. A chaque escale un
canot prend les passagers et les conduit à une plage
voisine favorable au bain et les ramène à bord.
Que de bains toujours chauds pris dans des paysages divers, à l'ombre de forêts vierges, à l'abri
de hauts cocotiers, entre deux îles somptueuses et
tourmentées, tapissées de verdure profuse! Que de
visions d'escales analogues et cependant variées :
le village allongé sous un ciel étouffant à l'embouchure d'un arroyo tumultueux dévalant de la montagne proche, la longue rue garnie de cases rudimentaires où se débitent fruits, poissons et pacotille,
la pagode rustique et sauvage, étendue comme un

long porche d'ombre sur une esplanade de bois inégale où des bonzes en peplums jaunes font retentir des gongs. Plus loin, niché dans la conque d'une île montueuse en pleine sylve, juste défrichée autour des habitations, l'amas de cases dont jaillit tout un peuple nu à l'approche du bateau, dont se détachent, dans une hâte fébrile, des pirogues rudimentaires chargées de bois et de fruits, pour accoster le bateau en pleine vitesse, emmêlées les unes dans les autres, au milieu de cris et de rires primitifs. Plus loin encore, en pleine nuit apaisée et scintillante dans une crique rocheuse et sauvage, l'embarquement des marchandises à la lueur des torches, jetant des traînées lumineuses sur la mer.

Ce voyage est splendide d'un bout à l'autre grâce à la variété constante des paysages dans ce golfe parsemé d'îles élevées, découpées et verdoyantes entre lesquelles le bateau s'insinue, parfois comme dans des fiords lumineux et tropicaux. Un de mes compagnons comparaît à tout moment ces aspects à ceux de la mer intérieure du Japon, et les déclarait plus beaux.

Le jeudi matin tandis que je dormais, nous avons franchi l'embouchure du Ménam et, à mon réveil, par les hublots, je me vois environné de cheminées d'usine, de gazomètres, de docks, nous arrivons dans la banlieue de Bangkok. Lentement, le bateau remonte le fleuve et vient s'amarrer en pleine ville à la hauteur du quartier des Légations.

Bangkok

Il fait un temps humide et chaud, il a plus un peu. Le ciel est à la fois couvert et lumineux ; derrière les nuages le soleil chauffe prêt à percer. Le fleuve s'épand comme du plomb fondu, charriant en abondance des feuilles et des fleurs, de ces belles grappes violettes semblables à des jacinthes géantes qui paraient les douves d'Angkor ; elles flottent, entourées de leurs feuilles luisantes, si nombreuses qu'elles semblent gêner l'évolution des barques à la proue relevée en forme de gondole et des sampans dont le Ménam est en tous sens sillonné. Sur la berge, une immense pagode pyramidale à trois étages se dresse, tapissée de céramiques à reflets dorés, si haut que son fronton écarte les nuées basses : un temple d'or érigé jusqu'au ciel au-dessus d'un courant de fleurs, telle est ma première vision de Bangkok.

Tandis que je m'occupe de mes bagages tout en contemplant ce spectacle, je rencontre le prince Charoon venu au devant de moi. Ministre du Siam à Paris depuis plus de vingt ans, j'ai le privilège de pouvoir le compter parmi mes plus sûrs amis. Il s'avance vers moi, souriant, la main tendue, jouissant de ma surprise de le trouver vêtu à la siamoise dans une culotte faite d'une seule pièce d'étoffe drapée et dans une veste courte. Averti de mon arrivée, il me déclare son hôte, il a préparé mon gîte, il m'enlève dans son auto, me fait faire un premier tour rapide dans la grande rue de Bangkok, parallèle au fleuve, large et vivante au point qu'à chaque instant la voiture doit ralentir ou stopper, il m'explique qu'il y a trente ans cette rue était presque une route de campagne, que je puis mesurer, à son seul aspect, la rapide progression de la ville chaque jour accrue et m'amène très loin de là par de belles routes ombragées bordées de canaux pleins de fleurs et de barques, vers le quartier nouveau.

Au sein de grandes pelouses, derrière le champ de courses, ce quartier se couvre rapidement de belles maisons, à côté du palais du feu Roi Rama VI, qu'on est en train de transformer en hôtel et où une chambre choisie m'est assignée. De la masure du pauvre postier de Réam, je passe dans un palais tout en marbre blanc, c'est une aventure de féérie, d'autant que le palais est vraiment grandiose. Le corps central imposant surmonté de clochetons, précédé d'un large pavillon octogonal dominé par une terrasse, est relié par de très belles galeries de marbre à deux étages, percées de larges baies, aux deux pavillons d'aile où sont les chambres. Tout est royalement conçu, les escaliers, les corridors, les locaux d'habitation, les salles de bain et le décor du jardin complète ce grand ensemble architectural. Derrière le corps central qui s'ouvre sur lui par une belle vérandah, un jardin à la française avec une colonnade de marbre, précède un immense jardin japonais délicieusement fleuri, traversé de canaux minuscules, parsemé d'îles, de ponts, de pelouses, d'arbres nains, et au fond de ce paysage artificiel un tertre élevé se pare de la végétation tropicale naturelle.

A droite et à gauche, entre le corps central et les ailes, le long des galeries qui les unissent, des carrés de gazon sertis de canaux et des parterres de fleurs prolongent cette fantaisie horticole.

L'ensemble est charmant et inattendu, n'évoque aucun souvenir analogue.

Le prince m'invite à déjeuner, et en attendant me laisse à ma toilette. Son auto vient me prendre une heure plus tard pour me conduire chez lui. Sa maison petite, d'un joli style siamois modernisé, semble la maison du sage. Dans un hall aux larges baies, qui sert à la fois de salon et de salle à manger, il est entouré de ses hôtes, le Ministre de France, M. Wilden, élégant, la physionomie ouverte et intelligente, l'ancien ministre M. Pila que j'ai connu à Hanoï, vif, gai, dégagé, sympathique, l'ancien consul général de France, M. Harduin, le plus ancien et le plus complet connaisseur du Siam, le prince Iditep, frère du prince Charoon que j'ai connu à Paris : me voici dans un milieu de France qui fait le plus joyeusement du monde honneur à un délicieux déjeuner siamois : des melons glacés, très sucrés qu'on évide à la cuiller, du riz à la glace, un salmis de poulets très épicé accompagné d'une salade de fleurs disposée dans des soucoupes devant chaque convive avec un art charmant, un riz au curry, des fruits glacés : la surprise est pour moi aussi complète que la chère est bonne. Mais la réunion se prolonge peu, chacun va à ses occupations et après avoir accepté de notre ministre, une invitation à déjeuner pour le lendemain, je suis enlevé par le prince Charoon qui veut sans délai continuer mon initiation à Bangkok.

Par de belles avenues ombragées, serties de canaux fleuris de grands lotus blancs et roses, il me conduit à la bibliothèque royale. C'est un long bâtiment bas, surmonté d'un haut toit siamois. Une galerie ouverte encadre sa cour intérieure et sur elle s'ouvrent à la file de belles salles toutes remplies d'armoires de bois pyramidales et dorées de trois mètres de haut, où s'entassent les rouleaux de papyrus des manuscrits anciens. Les armoires dressées sur pied, ouvragées de rinceaux, de fleurs fantaisistes, sculptées du haut en bas, sont de merveilleux bijoux, chacune semble plus jolie que la précédente, et le choix s'égare dans cette accumulation de splendeurs dorées. Je ne me lasse pas d'admirer, de comparer, revenant sur mes pas pour me pénétrer d'un dessin plus joli, d'une décoration plus originale, allumé par la convoitise de posséder un de ces meubles aux dimensions presque conformes à celles de nos habitations. A côté d'eux, les belles monnaies, les beaux vases, les broderies et les laques que contiennent les vitrines de la galerie extérieure, me laissent presque indifférent.

Ayant joui de ma surprise et de mon admiration, le prince me laisse et me confie à son fils, un
grand jeune homme charmant et un peu timide,
pour faire le tour de la ville royale; nous con-
templons une pagode toute neuve dont les porcelaines étincellent sous le soleil; nous apercevons
la colonnade fastueuse anglo-grecque du palais de
la salle du trône, des casernes soignées, nullement
rébarbatives; nous effleurons la place du palais
royal, et, dans un quartier déjà populaire, nous
atteignons une éminence conique ombragée de
grands arbres (un Pnom comme celui de Pnompenh) au sommet de laquelle se dresse une pagode
sans caractère marqué, d'où je puis embrasser un
peu, sous la lumière éblouissante, le lacis de rues
et de canaux dont se compose la ville sur les deux
rives du Ménam. Mais il fait trop chaud là-haut
sous le soleil et nous recherchons avidement
l'ombre des rues en nous dirigeant vers la Pagode
du Boudha couché, le Wat Po.

Dans une rue étroite, derrière un mur que des
arbres surpassent, s'ouvre la cour du temple pavée
de vieilles céramiques, parsemée de figuiers sacrés
et de stupas de porcelaine aux tons passés. Après
un premier bâtiment aux toits étagés et aux angles
relevés, à moitié caché par la verdure, un bassin
profond, ovale, vétuste, plein de plantes aquatiques, entouré d'un grillage, offre ses degrés de
marbre aux crocodiles sacrés. Au fond d'une autre
cour ornée d'autres stupas et pleine de coins d'om-

bre, je me trouve devant une pagode longue et basse que son toit aux tuiles polychromes et aux angles cornus semble écraser.

Par quelques hautes marches, j'y pénètre dans une demi-obscurité. Une masse formidable l'occupe tout entière d'une extrémité à l'autre et du plancher jusqu'au faîte. Un immense tronc d'arbre doré est couché, dont la signification m'échappe tout d'abord. Bientôt j'y reconnais, à peine indiquée, le contour d'une épaule, la ligne d'un dos immense, les renflements de deux jambes accolées et ayant contourné des pieds gigantesques, à la plante symbolique desquels sont gravées les empreintes du monde et de la douleur, je me trouve sur le devant de la statue dont le thorax bombe grâce à de simples, rudimentaires et puissantes ébauches. Tout à coup, cette masse presque informe s'anime, une tête immense, sublime, au regard profond me contemple; la tête d'un bouddha inconnu, émacié, douloureux, pensif, soutenue par la main qui repose sur le bras accoudé; et cet énorme morceau de sculpture de tous points grandiose, dans ses proportions comme dans sa ligne, jaillit de la masse beaucoup mieux qu'un morceau de Rodin de la gangue informe du marbre.

Je ne puis me lasser d'admirer le mouvement de l'épaule, du bras, de la main et surtout cette face splendide où l'intelligence contemplative sourd des profondeurs de la souffrance. Taillée dans un gigantesque tronc d'arbre de trente-cinq mètres de long et de six mètres de diamètre, d'une seule venue, cette statue du bouddha couché et mourant égale les plus grandes œuvres humaines par la plastique et les dépasse par l'expression où s'inclut toute la compassion et toute la résignation bouddhiques. Egyptienne par ses dimensions et ses proportions, elle est michelangélesque par la transfiguration de la pensée.

J'en ai reçu une très forte émotion et sorti du temple, traversant une autre cour aussi délicieuse que celle de l'entrée par ses vieux bâtiments où logent les prêtres, ses stupas pyramidales de porcelaine et ses arbres épais, je méditais avec un intime désir de demeurer quelques heures seul, dans cette enceinte sacrée, empreinte de tant de profonde poésie, parmi les bonzes indolents drapés de jaune soufre.

LA MORT DE BOUDDHA

Gigantesque et massif, à l'image du Monde
Bouddha mourant s'éveille et, d'un dernier regard,
Intuitif et sûr, il embrasse, au hasard,
La Nature, en ce lever du jour, si féconde.

Dans son cœur généreux, un flux d'Amour abonde.
Sous ses yeux, tout oscille en incessants écarts,
Il perçoit à la fois tous les rythmes épars,
Soleil et Vérité d'un reflet d'or l'inondent.

Serein, il se soumet au joug de la douleur,
Mais conçoit, résigné, la courbe du Bonheur;
Par le Renoncement atteindre l'Harmonie,

Sans nul répit, dresser l'Esprit jusqu'aux confins,
Fondre un corps périssable aux Forces infinies,
Et le Bouddha s'abîme en son rêve divin.

Le jour tombe, je rentre à mon hôtel, étourdi d'impressions précipitées, de chaleur et de lumière : j'y rencontre mes compagnons de voyage, M. Barrau l'avocat très distingué de Changhaï, sa femme et son étourdissante et délicieuse fillette, en compagnie de Mme Wilden, la femme du Ministre de France à laquelle ils me présentent. Je goûte en leur compagnie la joie des boissons glacées dont nul ne connaît l'attrait qui n'a pas vécu sous les tropiques.

A peine m'ont-ils quitté, le prince Ahmoradat, l'officier d'ordonnance du Roi, vient me confirmer la lettre d'audience privée qui m'a été remise dès mon arrivée pour le surlendemain. Le prince n'a pas changé, je le retrouve comme à Paris, grand, élégant, d'allure militaire un peu anglaise, de physionomie ouverte et décidée plus indoue que siamoise; nous échangeons quelques souvenirs déjà lointains, et je l'accompagne jusqu'à sa voiture, confondu de l'hospitalité si prévenante qui m'enveloppe de toute part.

Voici de nouveau la nuit chaude pénétrée de

langueurs, de parfums, du croassement des grenouilles, du grondement du crapaud buffle, de l'appel insistant des tokais. Qu'elle est étrange en ce jardin japonais tout artificiel et tout menu où je rumine mes souvenirs récents et où je suppute mon programme très chargé du jour prochain !

Dès huit heures et demie, le lendemain, l'auto vient me prendre pour me conduire à l'embarcadère royal.

En face de l'immense Gondole royale chamarrée de dorures, toute semblable à celle d'un doge vénitien pour son mariage avec l'Adriatique, le canot automobile du Roi nous attend à l'appontement couvert d'un toit à la siamoise, et je m'embarque à l'arrière à côté d'un officier d'ordonnance, Ampan, un de mes anciens malades et amis qui s'est fait mon cicerone. Nous traversons le Menam en écharpe et nous nous arrêtons sous la pyramide gigantesque de la pagode du Watcheng qui, dès l'abord, en ce pays, avait frappé mon regard. Nous voici dans l'enceinte : elle enferme une cour délicieuse où les stupas, les logements des bonzes s'égaillent dans l'ombre des arbres sacrés, à l'abri du monument immense qui semble bâti de pierreries précieuses et étincelantes sous le soleil. Par un escalier très raide, nous montons au premier étage; c'est une plate-forme assez large faisant chemin de ronde d'où, d'un seul jet, s'érige l'immense minaret à étages qui forme tout le monument; des sanctuaires s'ouvrent à la base sur les quatre faces et de très beaux groupes de sculpture dorés représentant les épisodes de la vie de Bouddha occupent les quatre angles de la plateforme. Dans l'ombre que projette le minaret je m'arrête pour l'examiner, brillant, divers, diapré, plein de reflets; les couleurs s'y confondent dans un accord délicieux et leur chatoiement caresse le regard. Il semble n'être tout entier qu'une incroyable et coûteuse fantaisie de céramique, mais ses porportions sont si exactes que sa parure ne choque pas en dépit de sa taille géante où nos habitudes exigent plus de sobriété d'ornementation; je suis conquis et ébloui; mais mon étonnement croît lorsque, grimpant au second étage par un escalier qui semble une échelle, je constate par quel moyen spécial cet effet est obtenu.

Du haut en bas le temple est revêtu de véritables tessons des porcelaines et des faïences les plus variées, juxtaposés et encadrés dans du ciment; morceaux de pots vernissés, jaunes, vert jade et bleu foncé, débris d'assiettes où l'on rencontre le rouge du vieux Strasbourg, le jaune et le bleu du vieux Rouen, les tons plus discrets du Nevers, sont rapprochés dans le mélange le plus singulier, mais avec un sens si parfait des valeurs, que, même de près leur contraste enchante l'œil et que ces pauvres matériaux conservent le privilège de faire de la beauté.

Du haut de la seconde plate-forme étroite, le temple ruisselle de couleurs comme un diamant au-dessus de la ville qu'il domine. Le Ménam limoneux esquisse une courbe légère sur les deux bords de laquelle les cases et les maisons se pressent enfouies dans la verdure; la grande ville se dessine sur la rive gauche, tassée vers le sud en un fouillis d'habitations inégales, épanouie au nord en larges espaces verdoyants, au delà de l'enceinte du palais royal hérissé de clochetons aigus. Je retrouve le grand bâtiment des fêtes semblable à un panthéon égaré, les casernes, le champ de courses, puis la plaine à l'infini.

Sur la rive droite où nous sommes, la gare de l'ouest vers le nord, étale l'éventail de ses voies, tandis qu'au sud un lacis de canaux enferme une ville lacustre dans des jardins luxuriants. D'un regard, du haut de cet observatoire irréel de porcelaine, j'embrasse Bangkok tout entier, et je le vois à mes pieds vivre d'une vie intense qui semble toute concentrée sur l'eau; gondoles et sampans dans un fourmillement, se croisent sur la nappe brune du fleuve et sur le lacis des canaux. Je pense à la vue du Campanile de Saint-Georges à Venise; mais j'ai sous les yeux, au lieu d'une lagune désertique et d'une ville de pierre, une agglomération pénétrée et mangée de verdure.

La comparaison avec Venise s'impose cependant et c'est à juste titre qu'on a nommé Bangkok la Venise d'extrême Orient. Je m'en assure dès la sortie de la pagode. Notre canot qui nous reprend, descend le cours du fleuve et s'engage dans un grand chenal dont les dimensions rappellent celle du grand canal et dont la vie est aussi intense avec son vaporetto, ses gondoles longues et lentes, ses barques paysannes chargées de légumes et de fruits; seulement la Cad'oro, le Vendramin sont remplacés par des cases sur pilotis qui s'avancent sur l'eau où se plonge un peuple bronzé et nu, et les canaux secondaires ne sont que des allées vertes, s'allongeant et se croisant sous des voûtes de bananiers dont les hauts cocotiers les aréquiers filiformes et des toits de pagode émergent sous un ciel torride. Mais le charme apaisant de l'eau domine, comme à Venise; c'est le même silence cadencé par le bruit de la rame, interrompu par l'appel du batelier, et la forme même des embarcations est étonnament évocatrice.

Hélas! le temps coule, je dois renoncer à m'imprégner à mon gré de cette langueur heureuse, retourner à l'hôtel et m'habiller pour déjeuner à la Légation de France.

Entre la grande rue de Bangkok et le fleuve, sur une largeur d'une centaine de mètres, s'étend le quartier européen ancien de Bangkok, des hôtels, des banques, une église catholique, des légations dont les jardins luxuriants baignent dans le Ménam.

La Légation de France est modeste et charmante. Un peu en retrait de la rivière, elle apparaît au milieu d'un décor de grands arbres et de fleurs, sous un grand banian, comme la villa d'été d'un bourgeois cossu dans un pays d'eau, ouverte par de larges baies, un peu dégradée et rongée par l'humidité.

Dans le grand hall d'entrée, je reçois de la maîtresse de la maison un accueil cordial et un peu étonné, car le ministre ne l'avait pas avertie que je devais être son hôte; mais bientôt le salon se remplit d'ingénieurs, de juristes français au service du Siam, et je me trouve, comme par miracle, dans un milieu connu ayant dû délivrer, à chacun, après un examen médical, l'autorisation d'accepter sa fonction; l'entrée du Docteur Robert, de mes amis, Barrau que j'ai rencontré à Angkor et avec lesquels j'ai fait la traversée de Réam, complète ce cercle quasi familial.

Après les cocktails d'usage qui raniment l'esprit, un peu accablé par la température d'étuve presque constante ici comme à Saïgon, le déjeuner est charmant. Les dames qui ont vécu à Pékin, à Sanghaï, dans tout l'Extrême Orient, on des relations communes et échangent des potins sensationnels sur toutes les aventures conjugales et extra-conjugales qui se sont tramées à des milliers de kilomètres, si bien que l'Indo-Chine, la Chine et le Japon apparaissent comme une banlieue toute proche où se joue entre les races européennes exilées l'éternelle comédie humaine. Voilà pour moi une nouvelle fenêtre ouverte sur le mystère exotique.

Malheureusement le temps me talonne de nouveau, j'ai rendez-vous avec le Prince Charoon pour visiter le Palais-Royal, et je suis obligé de prendre congé.

La place du palais royal est une large aire gazonnée entourée d'arbres et dominée par un haut mur de rempart bizarrement et élégamment crénelé dont les saillies s'épanouissent en fleurs de lotus. A son centre, des ouvriers adroits sont en train d'échafauder une vraie pagode de bois pyramidale, à la siamoise, qui sera le bûcher où, dans quelques jours, on incinérera le corps du Roi défunt. Nous pénétrons dans l'enceinte royale et accédons au palais par la rue qu'occupent, à droite et à gauche, les divers ministères. Les autos ministérielles attendent là, reconnaissables à la tête de bœuf qui ornent leur radiateur.

L'aspect du palais est tout à fait déconcertant; c'est un massif édifice de style dix-huitième siècle anglais qu'on s'attendrait à rencontrer aux abords de St James Park, mais cette architecture est surmontée d'un haut toit siamois cornu qui s'efforce vainement d'alléger l'ensemble. L'intérieur du palais est grandiose et froid, tout anglo- européen et une seule chose m'y intéresse, la salle du trône très haute, très vaste, très dorée. Au fond de la salle, surélevé de nombreux degrés, un très beau trône au dossier élevé comme une tiare d'or se dresse sous une reproduction du célèbre tableau représentant la réception des ambassadeurs siamois, à Versailles par Louis XIV, comme si cette réception était le titre de noblesse du Siam, son brevet national, vision douce pour un cœur français, d'autant plus que sur les murs latéraux une reproduction du beau tableau de Gérome : Napoléon III recevant les envoyés du roi de Siam, fait face à un très médiocre icone anglais qui représente une reine Victoria épaisse et dominatrice devant une ambassade siamoise aplatie devant elle, dans une posture d'humiliation que ne comportent pas les toiles françaises.

Je ne puis pas m'intéresser au reste de ce palais de marbre d'une somptuosité froide et officielle et, avec plaisir, je sors pour me diriger à droite vers la pagode royale toute voisine.

Dans son enceinte de céramique, celle-ci est précédée de la salle d'audience intime du roi, moins ambitieuse que celle du palais, tout entière de style siamois ancien. C'est un kiosque parfait de proportion, surmonté de deux toits emboités et cornus, couverts de tuiles polychromes qui encadrent, au-dessus de l'auvent, soutenu par deux colonnes carrées, une fantaisie sculpturale d'or passé. Un arbuste marque le seuil, deux griffons de pierre, singuliers et bouclés, qui lui font face, semblent le garder; le large vestibule conduit dans une salle d'attente dans laquelle s'ouvre latéralement la salle d'audience.

Celle-ci, tout entière, sculptée et dorée, laquée, avec ses murs ouvragés et incrustés, avec son trône royal doré, tout en élévation, est vraiment un sanctuaire digne d'abriter la personne sacrée du roi. Le prosternement siamois y devient un geste naturel et comme instinctif, dans le demi jour mystérieux, sous un plafond assez bas.

Toute la cour de la pagode royale, en sortant de là, est un éblouissement. Limitée par un cloître ombragé sous le demi toit duquel se déroule une étrange et immense fresque du Ramayana — singes blancs, singes verts, princesses délicates et suppliantes —, l'esplanade n'est qu'une forêt de pierres et de porcelaines, étincelantes sous le soleil. Côte à côte, se dressent, sur des socles carrés, des stupas coniques, des aiguilles de toute taille, mêlées à d'autres pyramides arrondies de formes phalliques, creusées de niches sculptées à leur base. Deux grand géants rébarbatifs et grimaçants, au bout de cette jungle de pierre, précèdent l'abord du temple, de hauteur moyenne, allongé sur un soubassement de porcelaine dont les mauves, les roses et les jaunes passés s'accordent adorablement. Quelques marches élevées nous conduisent au parvis devant d'énormes portes dorées et incrustées qui sont de pures merveilles. Nous pénétrons, éblouis, dans une pénombre reposante, avec la surprise de trouver presque l'atmosphère d'un temple chrétien : une grande nef vide enveloppée de murs, du haut en bas, peints à fresque dans le ton et le mode du quinzième siècle italien; au fond un autel énorme hérissé de chandeliers, de cierges, encadrant le fameux bouddha d'éme-

raude, en réalité de jade, haut de soixante centimètres qui trône, posé comme une madone; quatre
merveilleuses statues d'or vierge ornent les quatre
angles de cet autel. L'ensemble est à la fois très
beau et recueilli; les détails sont de la plus somptueuse richesse et souvent d'un art extrêmement
raffiné dont le Siam peut, à bon droit, s'enor-
gueillir.

Notre visite se termine par un hommage rendu
au roi défunt dont le corps, dans son urne funéraire, attend l'incinération prochaine. Dans une
autre pagode qui fait face à celle dont nous sortons, dans la cour du palais royal, le corps
repose sur un autel immense paré de fleurs et de
cierges comme un grand catafalque chrétien. Il
est veillé par des officiers et les femmes royales,
en une longue procession rampante, viennent se
prosterner devant lui.

Bangkok contient une foule d'autres pagodes
des styles les plus variés. Les unes, au bout d'un
canal fourmillant d'embarcations érigent, comme le
Wat saket, leur cône aigu très élevé au-dessus d'un
dôme de verdure; d'autres emboîtent les uns dans
les autres quatre ou cinq toits cornus qui se superposent en un long vestibule; d'autres, semblables
à des temples chinois, dressent sur un haut soubassement trois porches adjacents surmontés d'un toit
de porcelaine aux angles relevés. La promenade
vous réserve de continuelles surprises, une infinie
variété d'impressions. Ce peuple du Siam est ins-

tinctivement artiste et a su créer de la fantaisie en gardant la mesure. L'architecture traditionnelle qui comporte les toits emboîtés et cornus en est la meilleure preuve, car elle donne une sensation d'harmonie que les toits cambodgiens si analogues troublent au contraire continuellement. Bangkok, si ignoré, à l'écart des grands chemins du monde, est une ville d'art du plus haut intérêt et d'un charme très prenant. Hélas! elle se modernise à l'excès et quand, au bout de l'avenue large comme une esplanade, on aperçoit, précédé de la haute statue équestre du roi Chulalongkorn, le somptueux et lourd palais de la salle du trône surmonté de son dôme à colonnes, l'image odieuse d'un palais de Justice de Bruxelles quelconque, épais et prétentieux, vous obsède. Combien un grand édifice siamois charmerait l'œil à cette place!

Le prince Iditep, cet artiste charmant, élève éminent de notre Ecole des Beaux-Arts, est destiné heureusement à réfréner le goût trop fastueux importé d'Europe; il a déjà su allier l'art extérieur siamois avec l'agrément de nos intérieurs modernes, comme dans sa propre maison; il a su composer un jardin où l'exotisme tropical se marie à la ligne française en demeurant dans la modestie; grâce à son rang et à sa situation éminente je suis convaincu qu'il exercera sur l'art siamois futur une influence tout à fait heureuse, le modernisant juste comme il convient.

Nous avons visité de compagnie les monuments

récents de Bangkok, l'institut Pasteur, le grand hôpital, et son esprit critique s'exerçait toujours dans le bon sens.

L'hôpital Chulalongkorn est largement et bien compris selon les conceptions les plus modernes. Un service de consultation absolument modèle m'y a frappé, dont je ne connais l'analogue nulle part. Un très large hall sert de salle d'attente aux malades. Ceux qui, visiblement, sont contagieux étant immédiatement mis à part. Dans cette salle, la consultation consiste surtout à faire un tri rapide des expectants qui sont orientés sur les cabinets de spécialistes groupés autour du hall et remarquablement installés. Chirurgie, rayons X, ophtamologie, laryngologie, urologie, dentisterie, examens de laboratoire extemporanés, possèdent chacun leur local de telle sorte qu'un secours rapide est donné et un étiquetage accompli pour les malades entrants dans les salles. La pharmacie s'étend en un long comptoir éclatant de propreté derrière ce hall de consultation, les malades y défilent naturellement pour sortir et partent nantis de médicaments et d'instructions précises; c'est la perfection même.

Mais que dire de l'Institut Pasteur, œuvre d'un de nos compatriotes, un élève de Calmette, le docteur Robert? C'est le plus bel établissement de ce genre que je connaisse et, en même temps, le plus pratiquement disposé. Salle de consultations, salles de traitement, services administratifs au rez-de-chaussée sont distribués avec une intelligence parfaite.

Au premier, les laboratoires de recherches pour la préparation des sérums, des vaccins, assez larges pour être toujours ordonnés, sont véritablement les modèles de ce genre. J'ai admiré sans réserve, comparant avec un peu d'amertume, cette splendeur sortie d'un cerveau français secondé de l'intelligente prodigalité siamoise avec les installations de notre grand Yersin à Nhathran, qui a dû tirer tout, y comprit les ressources, de son propre fond et qui vit avec des installations désuètes et rudimentaires qu'aucun gouverneur de notre Indo-Chine n'a eu le cœur de subventionner comme elles devraient l'être.

Un service inconnu pour moi m'intéressait, tout particulièrement, à cet Institut Pasteur, celui de la production du sérum antivenimeux. Il est à la fois remarquable et pittoresque. A l'orée d'une prairie située derrière l'Institut pour la pâture des ânes, mulets et chevaux, fournisseurs de sérum, se dessine, en contrebas, protégée par une grille, une aire carrée entourée d'un petit canal cimenté. Sur cette aire gazonnée des cloches de ciment sont éparses, trouées à leur base de petites embrasures. C'est le parc aux serpents. On voit ceux-ci ramper vers leurs demeures s'y glisser et s'y entasser; cobras, vipères cornues, vipères alternant des anneaux noirs et blancs, voisinent et se confondent, en une multitude impressionnante. Un indigène,

assez grand, le garçon de laboratoire, pénètre tran-
quillement, les pieds nus dans cette ville des rep-
tiles pour me faire assister à la récolte du venin,
dans des capsulles de porcelaine stérilisées qu'il
apporte. Il saisit à pleine main, une queue dépassant l'embrasure d'une cloche et brandit à bout
de bras un serpent frétillant qui tâche de se redres-
ser pour le mordre. De sa main libre, il l'étreint
au milieu du corps et, glissant cette main jusqu'au
cou, il exprime celui-ci comme pour traire l'animal
jugulé dont le venin coule dans la capsule préparée
pour le recueillir, puis il jette sur l'herbe ou dans
l'eau le monstre vaincu, qui se hâte de ramper vers
le prochain abri. Ce Siamois est superbe dans son
geste périlleux; il a les allures de Persée bran-
dissant la tête de la Méduse et son courage est
d'autant plus remarquable que, deux fois déjà,
il a été mordu et sauvé par le sérum. Le venin
recueilli est désséché dans le vide, transformé en
poudre cristalline, dont les solutions dosées, injec-
tées aux chevaux, rendront leur serum antivenimeux
et protecteur.

Je suis édifié, Bangkok devient une grande
ville moderne dotée de merveilleux instruments de
travail scientifique... mais que me voilà loin de ses
canaux et de ses pagodes où j'aurais le désir de
flâner et de me perdre, parmi ce peuple doux et
rablé, à la physionomie généralement ouverte et
sympathique! Le type siamois pur est très caractéristique; il se rapproche beaucoup plus de celui

des races indo-européennes que de celui des races indo-chinoises. La stature est petite mais trapue, les épaules larges, les jambes courtes, le mollet fort, la tête puissante semble dolycocéphale, le front est assez élevé, l'ovale de la figure bien dessiné, le nez fort, la bouche grande et un peu lippue, les yeux un peu écartés, mais non bridés, les cheveux sont noirs, lisses et drus, l'ensemble ne donne pas du tout cette impression chétive, menue et souple qu'impose l'Annamite.

Les hommes, dans leur culotte faite d'une seule pièce d'étoffe dont l'extrémité est ramenée entre les cuisses et insérée dans la ceinture derrière le dos, comme une couche de bébé, sont souvent le torse nu ou à peine enveloppé d'un lambeau de toile, dont ils rejettent un pan sur l'épaule. A la ville seulement ils revêtent une courte veste.

Les femmes portant culotte comme les hommes, ont la poitrine comprimée au-desus des seins par une pièce d'étoffe qui passe sous les aisselles, laissant leurs épaules et leurs bras nus, elles ont les cheveux taillés en brosse. Leur démarche est ferme, leurs hanches larges et leur allure très décidée.

Mais, à côté de ce type siamois pur, que de mélanges surtout dans la banlieue de la ville où ont été retenus et fixés tous les prisonniers de guerre au cours des siècles! On y trouve des Laotiens, des Birmans, des Malais, des Chinois, le plus souvent métissés, ce qui donne au type des variantes nombreuses. Le meilleur métissage est le mélange de Chinois et de Siamoises qui a créé une race forte, résistante, travailleuse, vouée aux travaux des champs et qui tend à retourner au type siamois primitif.

Dans l'ensemble la population est gaie et sympathique. Une flânerie dans la ville, qui termine ma journée, me permet de faire ces quelques observations qu'il m'est impossible de cautionner autrement que par une impression fugitive mais sincère.

Après tant de choses vues, j'ai hâte de goûter la fraîcheur de la douche et celle des galeries ouvertes de l'hôtel et, après le dîner, le coup de fouet d'une rapide randonnée en auto entièrement découverte en compagnie de M. Harduin, dont la conversation est pleine des renseignements les plus précis sur le Siam de jadis et d'aujourd'hui.

Voici ma dernière journée de Bangkok. A neuf heures du matin l'auto du Prince Charoon vient me cueillir pour aller en ville, régler mon voyage, mes comptes de banque, jeter un coup d'œil sur le quartier chinois, faire quelques emplettes. Directement nous allons à la gare du Nord à côté de laquelle se trouve la Direction des chemins de fer et me voilà encore étonné, plein d'admiration, devant ces bâtiments modernes, largement conçus, propres, admirablement ordonnés, dignes d'une grande nation. Le prince Purashatra, le directeur et l'animateur des chemins de fer siamois, m'accueille, à son tour, de la façon la plus cordiale, me montrant ses services avec une légitime fierté. Je l'ai également connu à Paris où son activité, sa vivacité, m'avaient frappé. Je le retrouve dans l'exercice de ses fonctions, autoritaire, décidé, tout à fait Américain; il me reproche de n'être pas venu le voir plus tôt et me donne rendez-vous à l'hôtel, le soir, car il dirige aussi l'hôtel; c'est lui qui a eu l'idée de transformer l'ancien palais royal dont il veut faire le plus beau Palace du monde, ce à quoi il aura peu de peine. Voilà un prince plus actif qu'un businessman, combien éloigné, déjà, des Siamois indécis et indolents que j'ai connus il y a vingt ans.

En me promenant avec le prince Charoon dans les rues de Bangkok je lui fais part de cette impression d'évolution brusque dans les mœurs siamoises; il me dit qu'elle est parfaitement juste, mais que cette médaille aura un inévitable revers. S'il a, en dépit des menées bolchevistes chinoises, la plus grande confiance dans le peuple, propriétaire du sol, heureux et, de ce fait conservateur, il craint par contre les appétits et les prétentions de ces demi-instruits qui ont sucé et mal digéré la culture européenne et qui ont hâte de tout bouleverser pour s'imposer en battant en brèche l'autorité royale, alors qu'ils sont tout à fait incapables de la suppléer. Nous rapprochons ce fait de celui des jeunes lettrés annamites, à la fois si présomptueux et si insuffisants, et nous prévoyons, au Siam et dans notre Indo-Chine, des crises parallèles, avec cette différence qu'au Siam l'autorité est absolue, stable et traditionnelle.

Tout en philosophant, nous pénétrons dans le quartier chinois, très ancien déjà et très différent de ceux de Cholon et de Pnompenh plus modernes. Ici plus de larges voies, mais des rues étroites, encombrées par les auvents, où les boutiques semblent empiéter les unes sur les autres, où la foule se presse dans la confusion la plus changeante, où toutes les enseignes, les bannières, chahutent dans un désordre très amusant pour l'œil. Chez un marchand de soieries, j'essaie un pyjama chinois que le prince tient à m'offrir pour me permettre de supporter la température torride du wagon, ce dont je lui ai gardé, après expérience, la plus profonde reconnaissance.

Retournant dans le quartier siamois, un marchand de vanneries et de sparteries nous arrête ensuite et j'aurais envie d'acheter toutes les corbeilles tressées avec une finesse et un goût merveilleux. Décidément, ce peuple poli, imprégné de vieilles traditions d'art est tout à fait agréable et je vivrais très volontiers au milieu de lui, si la température de Bangkok, très comparable à celle de Saïgon, chaude, humide, lourde ne devenait pas, vers midi, réellement accablante : le corps entier exsude, une moiteur générale et continue vous envahit et vous enlève tout désir de mouvement, sensation que mon besoin d'activité constante me rend pénible.

Tandis que l'auto nous conduit chez le prince Iditep où je dois déjeuner, nous croisons les bandes d'écoliers sortant de l'école, des troupes de boy-scouts rentrant de promenade et je suis extrêmement frappé de leur bonne mine, de leur excellente tenue, de leur allure vigoureuse et disciplinée. Voilà le gage vivant d'un puissant Siam futur : l'instruction s'y répand chaque jour; tous les hommes doivent savoir lire pour prendre connaissance de la parole divine lors de leur stage de bonze qui dure trois mois. Ce service religieux obligatoire n'est pas un des moins curieux traits de mœurs de ce pays; n'est-il pas un très efficace moyen de moralisation en même temps que d'adoucissement de la sauvagerie primitive?

Avant de m'accueillir à sa table, le prince Iditep veut me faire connaître les éléphants royaux, et nous repartons vers le jardin enclos de murs où se trouvent leurs écuries. Dans de grands hangars soignés, les bêtes énormes, beaucoup plus hautes que les éléphants d'Afrique, astiquées et comme vernies, sont nourries sans cesse par des enfants qui leur passent de belles gerbes de verdure, si-tôt saisies par la trompe avide et englouties en un tournemain. Mais les malheureux éléphants ne servent plus guère : ils ne remplissent plus que des fonctions de cérémonie et leur grandeur les attache au rivage au propre sens du terme; étroite-ment entravés, ils demeurent, pendant des mois, immobiles et inutiles.

L'Éléphant Blanc (je suis désolé de détruire une légende), isolé dans un hangar plus somptueux, n'est pas blanc, mais simplement pâle et porte, sur le front, une unique tache blanche.

Les vieilles traditions périclitent. Où sont les armées de dix mille éléphants richement harnachés comme nos palefrois du moyen âge? L'éléphant s'est prolétarisé; il n'est plus qu'un ouvrier, intelligent, régulier, remplissant le plus utile office de débardeur; mais déjà conscient, hélas, et refusant passivement d'accomplir des heures supplémentaires quand le signal de la fin du travail a retenti!

Dans une jolie salle à manger attenante à un hall-atelier tout à fait harmonieux, je déjeune à la droite de la gracieuse et charmante princesse Iditep qui, malheureusement, ne parle pas français. La conversation avec son mari roule sur tous les sujets, siamois et parisiens, si variée et vivante que l'heure coule trop vite et que je dois me hâter d'aller revêtir le smoking pour l'audience royale.

Sa Majesté le roi Pratjatipok me reçoit dans son ancienne villa qu'il préfère à tous les palais. C'est, au milieu de larges pelouses où se dessinent des tennis, une ample et simple maison de campagne presque européenne. Les portes en sont gardées militairement et la consigne est sévère; mais le cérémonial est réduit au strict minimum.

Après une courte attente, un officier m'introduit en se prosternant jusqu'au sol, dans le cabinet royal où le roi est assis devant son bureau, vêtu à l'européenne. Il m'accueille avec la même amabilité que jadis, alors que, prince Pratjatipok, il faisait son stage à l'Ecole de Guerre sans prévoir sa grandeur future. Il est un peu fatigué par les longues et épuisantes cérémonies du couronnement récent auxquelles je n'ai pu assister et notre conversation prend, presqu'immédiatement, un tour politique. Il me dit qu'il a le sentiment profond d'avoir acquis à l'Ecole de Guerre, non seulement des connaissances militaires et générales, mais le sens de l'autorité qui lui permettra d'exercer son métier de roi; il en est très reconnaissant à la France. Il s'informe de mes impressions; je lui exprime mon admiration pour le Siam ancien et la surprise que m'ont causé les progrès rapides du Siam moderne. Puis il me demande de lui raconter ma brève incursion dans la Chine bolchevisée, car le bolchevisme chinois menace même le Siam. Des émissaires, sous forme de matelots, abandonnant l'équipage à leur arrivée à Bangkok, s'insinuent dans les milieux ouvriers, prêchent la révolte, fomentent des grèves et osent même, parmi toutes les oriflammes qui pavoisent le quartier chinois, arborer l'étendard soviétique. Je constate que les mêmes préoccupations assaillent l'Indo-Chine, sur notre sol comme au Siam, et qu'une réelle solidarité devrait unir tous les peuples sains contre la révolution destructive.

Après plus d'une demi-heure d'échanges d'idées

de cet ordre, le roi m'invite à prendre le thé au jardin.

Au milieu d'une grande pelouse, la table est dressée, couverte de fruits; la reine y accueille, à côté de moi, avec sa grâce infinie et parfaitement simple, M. Ducuing, un directeur de la manufacture de Sèvres qui fait son buste et s'attarde au Siam. L'entretien se poursuit, sans nulle contrainte, dans une atmosphère d'intelligence qui m'a laissé un profond souvenir.

Je prends congé des souverains en leur exprimant la gratitude que j'ai pour l'accueil merveilleux que j'ai reçu à Bangkok, et je les quitte avec la mélancolie de penser au départ tout proche.

Cette dernière soirée m'a laissé la nostalgie de ce beau pays plein des splendeurs de jadis et des promesses de demain. Après le dîner je retrouve celles-ci sous les traits du prince Purashatra qui me présente à la princesse sa femme et à sa fille et, me laissant en leur compagnie, va pendant près de deux heures s'atteler au travail.

La princesse, aimable, souriante et indolente un peu, comprend mal le français; mais sa fille, vive comme la poudre, pleine de saillies fantaisistes, ne peut pas tenir en place. Elle était une petite fille quand je l'ai connue, il y a deux ans; c'est une jeune fille maintenant qui pense beaucoup à Paris. Nous errons dans les jardins par une nuit délicieuse presque fraîche et nous causons sans arrêt; les accords, les syncopes et les hurle-

ments d'un jazz-band, la font tressaillir d'une irrésistible envie de danser et elle esquisse, sur les
pelouses, des pas désespérés, car le deuil de la
Cour lui interdit shimmy et charleston. Cette spon-
tanéité, si fraîche et si simple, empreint de jeunesse
et de poésie mon dernier soir de Bangkok.

Cinq heures du matin, presque en pleine nuit.
En compagnie du prince Charoon, de son fils,
de M. Harduin, nous traversons en bac le Ménam,
pour rejoindre la gare du Sud d'où part le rapide
hebdomadaire de Singapour, le Sud-Express, au
milieu d'un hourvari d'indigènes. Un sleeping très
confortable nous emporte tandis que le soleil se
lève parmi les vapeurs de la plaine féconde.

Toute la banlieue de Bangkok, parsemée de
canaux, n'est qu'un grand jardin maraîcher,
extrêmement soigné, cultivé par des Chinois
métissés, dans un décor tropical de bananiers
et de palmiers. La plaine se prolonge, monotone et jolie, pendant deux heures jusqu'à
Ratbouri qui, tout à coup, dresse dans la boucle
d'une très belle et très grande rivière, le Méklong,
une colline abrupte. Des palais, des pagodes,
des villas, des cases indigènes, s'y étagent dans
une adorable fantaisie au milieu de luxuriants jardins. Ici commence à s'indiquer,
à notre droite, le relief de l'arête montagneuse
de la péninsule de Malacca où nous pénétrons et
que nous allons descendre pendant plus de douze
cents kilomètres.

En dépit des courants d'air et des ventilateurs, la chaleur devient pénible dans le wagon et chacun revêt pour la longue randonnée son pyjama le plus léger; j'arbore ma pelure de soie chinoise et j'apprécie le large pantalon flottant.

Nous traversons une jolie savane, des coins de brousse et de forêts dominés à l'ouest par une ligne de hauteurs bleuâtres qui se rapproche et s'écarte alternativement, puis quelques villages, quelques rivières aux rives touffues, des gares simples et bien tenues qui semblent des châlets dont les larges toits répandent une nappe d'ombre alentour. Petchabouri nous montre de nouveau la silhouette de palais royaux et, après lui, le chemin de fer se rapproche de la mer, longe des dunes de sable et s'arrête dans une gare plus vaste qui dessert une station balnéaire en pleine formation, avec un grand hôtel, des villas, des terrains de tennis et de golf, Houa-Hin, la plage célèbre du Siam.

Une succession d'échappées de mer, de brousse, de collines accidentées couvertes de forêts nous tient compagnie toute la journée; la nuit nous surprend sur un plateau plus élevé, dénudé où les cultures se développent de toutes parts.

Malgré le charme de certains paysages, une certaine monotonie nous endort. Heureusement la cusine du wagon restaurant est copieuse et excellente, et la couchette du sleeping large et confortable.

Au réveil, nous sommes à Tchoumpóne, à la

hauteur de l'isthme de Kra, cet étranglement de la presqu'île de Malacca. Entre le prince Charoon, M. Harduin et moi, la conversation s'engage sur la question du percement de cet isthme fameux, et j'apprends une foule de choses ignorées. D'abord le percement qui aurait pu présenter quelque intérêt politique pour l'indépendance siamoise et française n'en a plus aucun depuis que les Anglais, en étendant le Tenasserim jusqu'à l'embouchure de l'estuaire qui s'enfonce jusqu'à Kra, dominent entièrement le canal éventuel. Ensuite, les études géodésiques très sérieuses qui ont été faites ont révélé qu'il faudrait percer, pour réunir les golfes du Siam et du Bengale, une montagne non de trois cents pieds, mais de trois cents mètres d'altitude, travail tout à fait disproportionné avec l'avenir du canal, bien diminué d'ailleurs depuis la création du chemin de fer de Penang à Bangkok et son extension future jusqu'à Saïgon.

Matériellement difficile, le percement de Kra est donc sans intérêt politique ni économique, et je l'apprends de la bouche de ceux qui, personnellement, s'en sont occupés. Encore une légende démolie.

Le train cependant s'engage dans une région plus riante. Je vois reparaître ces hauts rochers calcaires et fantaisistes de la baie d'Along, séparés par des rizières et des palmiers. Je retrouve, presqu'au terme de mon voyage, le paysage de

Philyet, près d'Haïphong, qui m'avait tant séduit à mon arrivée en Indo-Chine.

A un embranchement, le prince Charoon nous quitte pour rejoindre sa plantation d'hévéahs, sur le golfe de Bengale et, peu d'heures après, nous terminons la traversée du Siam, au milieu d'une région accidentée et pittoresque de collines et de forêts.

LA MALAISIE ANGLAISE

Tout à coup, dans la campagne invariée, le train s'arrête à une grande station, les voies de garage se multiplient, un employé anglais guide un colosse poli et bienveillant en uniforme kaki qui réclame le passeport, le vérifie, demande si l'on transporte des armes, palpe chacun sur toutes les coutures pour découvrir le revolver défendu et, d'une phrase brève, décerne l'introït sur le sol britannique.

Nous pénétrons sur le territoire de Penang, colonie de la Couronne; il faut changer de train et de décor; mais avant tout montrer patte blanche!

La gare, rigide, nette, allonge, sur un large quai élevé, des bureaux étiquetés par des enseignes émaillées, parfaitement semblables à une station du Chatam and Southern railway, transposée des brouillards de la métropole sous le ciel tropical.

Notre train aligne de hauts wagons de bois brun, coiffés d'un dôme blanc, massifs et confortables; il nous attend comme pour nous transporter à Londres ou à Liverpool. L'image de la puissance, de la correction, de l'uniformité anglaise vient s'imposer à nous, au sortir de la fantaisie un peu indolente du Siam. Deux officiers gigantesques, en uniforme de toile kaki, en casque kaki, en leggins, la badine à la main, déambulent sur le quai pour affirmer la force britannique et n'était leur teint cuit de soleil, leur allure plus libre de trappeurs, ils sembleraient rencontrés à la gare de Wolwich.

Nous filons au pied des mêmes montagnes bleues, estompées dans une brume de chaleur, les plantations d'hévéahs se multiplient, les gares se succèdent de plus en plus animées, voici des agglomérations plus grandes, plus rapprochées, des jardins exubérants et fleuris, des cottages délicieux, le soleil s'abaisse un peu, devient moins brutal, nous entrons en gare de Pénang devant une admirable baie au milieu de laquelle se dressent les montagnes de l'île toute proche. Nous allons y jouir d'une récréation de quelques heures après ces trente-six heures de prison roulante.

Le bac à vapeur contigu à la gare rejoint l'île en vingt minutes. Quelle joie de respirer la brise marine, de voir se jouer les courants parmi lesquels s'égaillent des jonques, des pirogues, des sampans autour des gros cargos amarrés dans cette large baie ouverte sous la protection de l'île harmonieuse, de la montagne joliment découpée qui l'occupe presque entière! Le pont du bac est un pandemonium. Toutes les races de l'Orient s'y sont données rendez-vous : les jeunes Chinois, minces et dégingandés, les vieux obèses et souriants, côtoient les Indous enturbannés et majestueux, les Malais trapus à longs cheveux. Des femmes menues, au teint café au lait, aux grands yeux, l'air mélancolique, sont encognées sur un banc, drapées de soies multicolores et, des pieds à la tête, parées de bijoux d'or, comme des esclaves captives.

Le bateau accoste à l'appontement de bois tout anglais de Georgetown : Douvres ou Folkestone et, par un couloir de bois bariolé d'affiches, de réclames, vous mène à une place anglaise : de grands hôtels de briques, des banques, des changeurs, des magasins aux devantures désordonnées et regorgeantes, des auto-taxis à la file : propreté, ordre, dysharmonie; mais, dans ce décor, les coolies pousse chinois, le torse nu, en culotte courte de toile bleue vous assiègent et on ne sait plus exactement sur quelle planète on est tombé.

Mais combien, dès qu'on est sorti de ce court cauchemar, l'île est délicieuse et enivrante! L'auto a vite fait de franchir la ville anglaise rébarbative, le quartier chinois sans caractère, et, par des routes roses, excellentes, parmi des jardins enchanteurs enveloppant les cottages où les maisons plus ambitieuses des chinois riches, de gagner la vraie campagne.

Nous nous élevons au flanc de la montagne, ruisselante de la forêt quasi vierge et en corniche nous suivons la mer. Elle s'enfonce dans des criques rocheuses couronnées de verdure, caresse de belles plages de sable fin. Partout s'ébroue sous la lame, la population de la ville, ruée vers la fraîcheur, dès le déclin du jour brûlant, par une multitude d'autos. Langueur et volupté dans la lumière apaisée, à côté du business, c'est un tableau synthétique des mœurs tropicales modernes.

Tout le tour de l'île, — une vingtaine de kilomètres, — est merveilleux, plus sauvage vers le large où la forêt dévale jusqu'aux flots. Un extraordinaire coucher de soleil nous attend là, une débauche tragique de rouge, de jaune, d'orangé, traversée de longues bandes d'un vert irréellement pâle. Sur l'océan infini, s'élèvent des silhouettes de cocotiers : impression cinématographique de solitudes sauvages et très lointaines. Déjà des étoiles s'allument, il faut regagner le train, et c'est dans la pénombre que nous faisons le tour rapide du jardin botanique, encastré dans une gorge fraîche, parmi le murmure des sources, étalant autour de ses pelouses et dans le creux des roches l'infinie variété de la flore tropicale.

Le bac à la nuit nous ramène au continent dans la rade piquée de feux, bientôt Georgetown, dans son île, étincelle au ras de l'eau comme une escarboucle et n'est plus qu'un souvenir féerique.

Le train de Singapour nous agglutine de nouveau dans les traditionnels sleepings britanniques étouffants, qui obligent tous les voyageurs à quitter le décorum avant de gagner le dining-room.

J'ai revêtu mon léger pyjama chinois de soie bleutée ; les Anglais ont enlevé leur veste ou leur uniforme et apparaissent dans leur chemise kaki, ouverte sur la poitrine, les manches relevées au-dessus du coude, débraillés et cordiaux parmi les blouses de soie très décolletées des femmes ; ils s'allongent et s'étirent sans gêne, étalant leurs pieds immenses, chaussés de souliers à semelles très épaisses de caoutchouc. Un barman, en veste blanche très correcte, dirige une armée de coolies indous dociles et empressés, qui nous dispense un dîner médiocre et fade, tout anglais. J'ai hâte de m'échapper dans le couloir ; de chercher la fraîcheur des courants d'air et de contempler, par une nuit idéale et transparente, sous un ciel de porcelaine constellé d'étoiles vivantes, le paysage que nous traversons. Il est d'une harmonie extraordinaire : nous longeons une chaîne de montagnes de hauteur moyenne, d'un profil délicat avec les accidents des pics, les trous des vallées, dans un océan de verdure plein des éclairs des lucioles ; une exhalaison de parfums et d'aromates entre par bouffées par les baies ouvertes. Vers une heure du matin seulement, je me décide à essayer de dormir et, dès l'aube, je suis debout.

Sous le ciel délicatement rose, une vapeur légère s'élève du sol, enveloppant d'une grâce inconnue la végétation implacable : les cactus, les aloès des talus, les bananiers, les lataniers, les palmiers plus lointains surgissent humides et frais dans la buée légère qui grimpe au flanc bleu, idéalement bleu de la montagne prochaine ; mais, d'un seul bloc, tout à coup, le soleil surgit, féroce, et, par miracle, dissipe, en une seconde, la vision de rêve, restituant aux choses cet aspect dur, métallique, inhumain de la nature tropicale. Le paysage demeure beau cependant, très beau, garde une harmonie, une douceur de lignes et une richesse somptueuse qu'on ne peut se lasser d'admirer. Aux stations parfaitement entretenues et qui font honte aux gares françaises de notre Indo-Chine, le spectacle a de nouveau changé. Le peuple malais domine : nudités noires à peine masquées d'un lambeau d'étoffe de couleur, faciès sauvages, lèvres épaisses, nez un peu épaté, longues chevelures noires, lisses, retombant comme un manteau sur les épaules ; femmes, chargées d'enfants, engoncées dans des robes empesées de percale à fleurs, enveloppées de madras roses, vert pâle, violet, le nez, les oreilles, les lèvres percées d'anneaux d'or, les bras cerclés de lourds bracelets d'argent, remplissent les quais d'une foule remuante, parmi laquelle on voit reparaître le fez rouge musulman. Nous voilà en pleins seltlements dans les Etats malais protégés par l'Angleterre que maintiennent au nord et au sud Penang et Singapour, les deux colonies de la Couronne. Bientôt nous arrivons à Kuala Lumpour, la capitale du Protectorat et nous nous y arrêtons assez pour jeter un coup d'œil sur la ville. Edifiée sur un terrain mamelonné, sur un contrefort de la montagne au devers d'une vallée, elle est enveloppée de tout le charme, de toute la grâce des tropiques, encadrée d'un cercle de hauteurs aux courbes molles, couvertes d'un manteau de forêts dont la ligne toujours adorablement bleue fuit et s'enfonce vers des sommets plus lointains. En dehors d'une gare vraiment monumentale et d'une rue somptueuse et extrêmement animée que nous avons juste le temps d'entr'apercevoir, elle est faite de villas éparses parmi des pelouses soignées et des jardins exubérants, traversée de routes roses bordées de balustrades blanches; propre, coquette, elle respire la fraîcheur et la volupté. Rien n'est excessif en elle, elle s'adapte à ce qui l'entoure et se modèle à la nature, qu'elle éclaircit sans la corriger. C'est le bijou, et le modèle des villes coloniales, le triomphe du goût anglais pour les cottages et pour les arbres. Voilà vraiment, bien plus que Ceylan, le paradis terrestre et je le quitte à regret.

Le train fuit maintenant entre les plantations d'hévéahs en quinconces et la forêt vierge qu'on défriche par le feu pour leur faire place. De ces incendies systématiques émane une odeur de santal et d'encens qui, sur des centaines de kilomètres, jusqu'à Singapour, va nous accompagner. L'effort fait pour étendre la culture de l'arbre à caoutchouc est gigantesque et impressionnant.

De temps en temps nous traversons une vallée profonde, une tranchée de verdure profuse, sur les bords de laquelle se piquent des villages indigènes, au fond de laquelle évoluent des pirogues préhistoriques. Ces vallées au travers de la forêt primitive ouvrent des trouées merveilleuses sur la montagne bleuissante, pleine encore de mystère et d'inconnu. Ainsi dans des alternatives d'effort humain moderne et de splendeurs naturelles, se poursuit la route, de loin en loin coupée par une station qui dessert un grand village, une petite ville de pionniers, bâtie de bric et de broc; plus simplement encore, une zone de défrichement, une grande aire nue, dévastée ou récemment plantée au milieu de laquelle se dressent quelques baraques de bois avec des toits de tôle ondulée ou de fibrociment. Aux haltes plus importantes le quai regorge de foule. Au milieu du peuple malais nu, noir, sauvage, un personnage d'importance apparaît, drapé de blanc, turban en tête, orné d'une ceinture damasquinée où pend le fourreau ouvragé d'un kriss, le grand poignard malais. Il me semble retrouver un caïd algérien; toute l'effigie de l'Islam ressurgit.

Après le déjeuner le wagon inondé de soleil devient terriblement chaud, et les pèlerinages vers la limonade glacée du wagon-restaurant se multiplient. L'attention épuisée se réveille cependant à certaines traversées de forêts où la puissance de la végétation équatoriale éclate sans limites; les yuccas, les lataniers atteignent des proportions géantes, et des arbres inconnus, couverts d'une incroyable profusion de grappes de fleurs violettes, roses, vermillon, arrachent aux plus blasés des cris d'admiration.

Heureusement le jour décline, nous approchons du terme de ces soixante heures de voyage sous un ciel torride, le long de l'immense serpent de la péninsule de Malacca. La forêt a fait place aux champs, aux cultures maraîchères. Une grande lagune mélancolique bordée de cocotiers apparaît enjambée d'un immense pont de fer; c'est le bras de mer qui sépare du continent l'île de Singapour; nous allons le franchir et trouver une douche, un lit, un peu de repos.

Il nous faudra encore, hélas, trois quarts d'heure de pérégrination en taxi pour atteindre le gîte. Le Raffles, l'Europe, le Grosvenor, tous les immenses caravansérails de la ville sont pleins et un hôtel hollandais, moins prétentieux, nous semble, en définitive, d'autant plus sympathique qu'on y retrouve de la bonne et franche cuisine française.

Singapour, cette ville immense, déhanchée, multiforme, je l'ai déjà abordée au voyage d'aller au travers du dédale de ses îles verdoyantes, posées comme des oiseaux sur les eaux calmes du détroit. Je la retrouve le soir, sous un ciel scintillant, chaude et lascive. Des pousses chinois innombrables me sollicitent de me laisser traîner vers d'énigmatiques voluptés. Autour des pelouses de ce grand square qui précède le Raffles, je me contente de regarder le jeu, le va et vient des femmes élégantes devant

la terrasse de l'hôtel, d'où les amateurs les contemplent passant sous les globes électriques et font
à leur pousse complice signe de les arrêter. Dans
le grand hall inondé de lumière, les marchés se
concluent au milieu du tohubohu, des races et des
langues de ces passants venus de tous les coins
de la terre. En nul endroit on n'éprouve mieux le
hasard, la fragilité, le sens transitoire de l'effort
et de la vie et ces unions qui s'ébauchent pour
une nuit, sous les auspices des coolies pousse chinois, la tête rasée, le torse nu, des serviteurs indous
discrets tout de blanc vêtus, semblent le complé-
ment naturel du mélange des hommes affluant
à ce carrefour du globe.

Singapour est bien le plus grand carrefour de
la terre; j'en avais ressenti l'impression immédiate
à mon premier contact, quand je n'étais pas initié;
mon exploration nouvelle la confirme.

Dès le réveil, un pousse chinois m'emmène au
port où je veux m'assurer de l'heure du départ de
mon bateau. Certain d'avoir devant moi une journée libre, je m'en vais en flâneur comme si j'igno-
rais tout.

Le quai où chaque jour abordent plusieurs
grands paquebots est, à lui seul, tout un monde
grouillant, divers, coloré. Entre les grands hangars,
à l'abri de ceux-ci, dans tous les coins d'ombre,
de marchands malabars enturbannés, grands, indolents et polis, des marchands chinois gras, souriants et malins, des Syriens coiffés du fez rouge,

tenaces et obséquieux, étalent toutes les marchandises pour passagers, coquillages, éléphants d'ébène, cannes d'ébène ou de lim, étoffes variées, surtout des soieries de Chine, des broderies; entre
leurs éventaires assiégés des clients ébahis de toutes
les races blanches, circulent des coolies chinois
grands, rablés, aux muscles saillants, dans leur
courte culotte de toile bleue, la tête rasée comme
un œuf, le torse nu, des coolies hindous très bruns,
souvent beaux, l'œil rêveur et indolent, des coolies
malais trapus, noirs, avec leur longue chevelure
et leur aspect sauvage. Tout ce monde va, vient,
coltine, les chariots grincent; une nappe de feu
tombe sur les quais du soleil vertical. Le long des
passerelles qui montent à bord, c'est un va-et-
vient permanent de mercantis chargés de pacotille, autorisés à vendre sur le pont du bateau, de
changeurs levantins qui vous susurrent à l'oreille les
cours récents, comme s'ils vous faisaient des pro-
positions malhonnêtes. Dans l'eau enfin, tout alentour du bateau, une myriade d'enfants noirs se
pressent et se bousculent dans les pirogues minuscules, sollicitent le jet d'une pièce de monnaie
qu'ils attrapent en plongeant et montrent entre leurs
dents, en émergeant, avec un sourire ravi.

Pas un instant cette vie ardente ne cesse, ne se
détend et du premier coup d'œil, à l'arrivée le
voyageur embrasse ce monde nouveau et étourdissant.

Les quais quittés j'entre dans un grand désert,

d'immenses terrains vagues où le soleil aveuglant poudroie, gardés en réserve pour les agrandissements futurs du port et, une fois cette steppe traversée entre des échoppes misérables, abris des restaurateurs populaires, parmi les odeurs de graillon, j'arrive à la ville anglaise.

Une rue inesthétique de maisons de briques inégales, des boutiques entassées, des affiches et des enseignes à grandes lettres, du mouvement, de la poussière, une rue de Strand quelconque, poussée en ce lieu, au hasard, vous amène à une place exigue, pavée de bois et bitumée, au centre de laquelle poussent des arbres malingres et qu'entourent les hauts bâtiments des banques, des boutiques de changeurs poussiéreuses et un immense magasin de nouveautés. Toutes les marchandises s'y côtoient, groupées sans art, dans une atmosphère de froideur correcte, comme en pleine Angleterre. Une autre rue aussi nordique et rébarbative me mène de là dans une grande aire nue, des pelouses entourées d'arbres rares, au fond de laquelle s'élève le palais du gouvernement en style grandiose pseudo-grec précédé de la statue de Raffles, l'initiateur génial de cette colonie et plus loin, une église à deux clochers aigus de style gothique anglais. Je suis en plein Londres, près de la Tamise, sur l'Embankment, transposition tout à fait déconcertante et extraordinaire.

Le quartier des grands hôtels est contigu à cette zone officielle, le cube énorme du Raffles, avec ses étages superposés, bouche la vue, et son rez-de-chaussée, avec l'enfilade de salles à manger, de salons grouillant de serviteurs indous en blanc immaculé, son perron, assailli de coolies pousse chinois, viennent seuls vous rappeler qu'on a quitté le sol de la vieille Albion. Ici se limite heureusement cette mauvaise copie métropolitaine, ce coin de business et de représentation officielle, et je m'enfonce avec joie vers le quartier chinois et vers les hauteurs du jardin zoologique.

Le quartier chinois de Singapour, en dépit de son aspect traditionnel, de ses enseignes verticales à grand caractères, de ses bannières bariolées, de ses boutiques encorbellées d'or, est très banal et pauvre pour qui vient de Cholon et de Pnompenh; mais ce qui ne l'est pas c'est le grand bassin contigu où vient se terminer le canal, c'est l'entassement, véritablement frénétique et infiniment pittoresque, de jonques, de sampans, de pirogues qui le remplit à perte de vue. D'un coup d'œil on mesure là l'importance formidable de Singapour pour le menu peuple de la mer, pourvoyeur et auxiliaire des grands rapaces qui fréquentent la rade.

J'ai pris un taxi pour aller plus loin et, par les allées de parc, ombreuses, magnifiques, il me conduit au jardin botanique où la féerie équatoriale se condense et s'ordonne. Il y a peu de souvenirs plus charmants que celui de ces allées roses enguirlandées de lianes fleuries, que celui de ces serres soignées, en plein air, où toutes les plantes rares s'épanouissent se confondent avec les orchidées gigantesques; des papillons splendides y volent comme sur commande et des parfums délicieux vous pénètrent; la flore sauvage et hostile de la forêt vierge s'y fait accueillante et vous enseigne après vous avoir ébloui et effrayé. On passerait là des heures émerveillées très loin de la frénésie mercantile si prochaine.

Tout à côté de ce coin idéal, dans la zone vallonnée qui l'enveloppe, après un lambeau de forêt vierge conservé, du haut duquel des singes vous narguent, les Anglais riches ont bâti leurs bungalows et leurs cottages au milieu de pelouses très vertes; les tennis y dessinent des carrés roses. Des arbres du voyageur y dressent l'extraordinaire et immense éventail de leurs feuilles semblables à celles du bananier, mais poussées toutes en digitations divergeantes sur un seul plan, à l'extrémité d'un tronc de trois à quatre mètres de haut. Une paix reposante emplit ces vallons couronnés d'arbres immenses qui les isolent, il semble que le bonheur doit habiter là.

Plus loin le grand étang entouré d'arbres qui constitue le réservoir des eaux de Singapour et une des promenades renommées de la ville, me laisse une impression d'abandon et de mélancolie sans plus. Nous le quittons vite, nous redescendons les pentes de la petite colline qui le supporte et nous nous engageons dans de longues allées de cocotiers, très hauts, très droits, très fournis, qui forment un bois délicieux, aéré, lumineux, un véritable bois sacré. Entre les arbres, de petites mares miroitent et reflètent des cases, des groupes de cases, sur pilotis. Je retrouve là des images de l'Annam et du Cambodge, plus belles dans leur sauvagerie, précieusement imprimées dans mon souvenir, au moment où je vais quitter l'Extrême-Orient; je suis reconnaissant à ce grand village malais, trop parcouru d'automobiles, de me les rappeler au dernier instant.

Au bout de la route qui le traverse, la mer reparaît : une anse, cernée de cocotiers, ouvre une fenêtre sur le large, sur la rade vraiment immense. Des centaines et des centaines de navires ont jeté l'ancre, chargeant et déchargeant sans trève, grosses bêtes accroupies entourées d'une nuée de petites accrochées à leurs flancs ou sillonnant, en tout sens, la mer céruléenne. Des chalands traînés par des remorqueurs, des chaloupes à vapeur, des canots automobiles se croisent avec des jonques, des sampans, des pirogues. Ce spectacle d'activité maritime sur les flots apaisés parmi lesquels, très loin, des îles se profilent, où Sumatra, à l'horizon, dresse sous la ligne de l'Equateur, sa côte océanienne en face de l'Asie finissante, est certainement le plus grandiose que j'aie contemplé. Il chante la gloire légitime de l'Angleterre, reine des mers, et donne de cette royauté une image saisissante de sécurité en même temps que de force.

L'armée des réservoirs de mazout, gazomètres colossaux qui apparaît plus loin et qui représente le premier effort pour constituer la base navale d'Extrême-Orient, affirme la volonté de puissance, première condition de grandeur, premier gage de la liberté des entreprises. Il est impossible de ne pas admirer un tel effort et de ne pas lui rendre hommage. Au surplus, cette police des mers qu'assume l'Angleterre ne profite-t-elle pas à tous?

Je retourne sur mes pas; je vais rejoindre mon bateau, l'*Angkor*, de nos Messageries, pour regagner la France. Je récolte mes bagages à l'hôtel, je traverse à nouveau cette esplanade immense et nostalgique où se dressent les grands hôtels, l'église, les bâtiments officiels, je parcours une fois encore cette ville anglaise si peu harmonieuse toute vouée au négoce, puis la steppe qui précède le port et je fais un retour sur moi-même, j'évoque nos gracieuses villes françaises. Saïgon, Hué, Hanoï d'une si belle venue, où l'esthétique tient plus de place que le souci du gain, mais privées, hélas, de cette activité frénétique et pratique, condition essentielle du succès dans la lutte moderne. Singapour immense, disloqué, m'en apparaît plus imposant dans son apparent désordre.

Mais voici le paquebot, ma cabine, mes compagnons de route, mes amis du Tonkin, du Cambodge et du Siam, des garçons français débrouillards et gais, un barman de Marseille innénarrable, toute la patrie condensée dans ce petit espace avec ses défauts, mais aussi ses qualités délicieuses, dont une étincelle ferait les plus fécondes vertus.

La sirène lance un appel mugissant, les mercan-tis dévalent les passerelles qui sont amenées le long du bord, l'hélice tourne, le bateau démarre len-tement, toujours assiégé de la troupe des enfants plongeurs, sur leurs pirogues minuscules, et je quitte l'Asie dans la gloire d'un coucher de soleil qui incendie le détroit, allume un petit village lacustre si évocateur du pays des grands fleuves, fait flotter sur une nappe de flammes, les jolis îlots verdoyants de l'avant-port et s'éteint, peu à peu, derrière la barre lointaine de Sumatra.

Adieu, l'Immense Indochine!

DEUXIÈME PARTIE

Les Chinois
et l'Indo-Chine

A Singapour, brusquement, pour le voyageur
venu d'Europe, s'ouvre un monde nouveau, le
monde d'Extrême-Orient, auquel le Chinois
imprime un cachet imprévu.

Après l'Afrique brûlante, sèche et limpide,
Ceylan, dans son atmosphère trouble, semble réaliser l'initiation. Le nouveau venu y connaît les
alternatives de soleil écrasant et de pluies dilu-
viennes des terres humides et chaudes.

Mais sous les voûtes infinies des palmes, les
hommes merveilleux qu'il coudoie ont encore des
traits voisins des nôtres. Nobles et rêveurs, drapés
de leur longue chevelure et de lambeaux d'étoffes
éclatantes, ils semblent porter le poids de la fatalité
naturelle qui les enveloppe, engourdis du sommeil
des siècles dans la torpeur d'une vie implacable
dont ils surgissent avec l'inconscience et la splendeur des fleurs de la jungle.

Leur lot inéluctable paraît être l'indolence
dans l'acceptation du Destin.

A Singapour, au contraire, dès le débarquement, un être nouveau vous accueille, le coolie
chinois, trapu, râblé, les mollets et les biceps
saillants, étonnants de vigueur, la face large, les

yeux bridés et mobiles, la tête rase, vêtu d'une large et brève culotte et d'une courte veste de toile bleue, actif, entreprenant, visiblement soucieux d'accaparer les biens de la terre en violant le sort.

Cet être inconnu vous introduit dans un autre monde, dès l'abord marqué du sceau de sa civilisation, parfaitement différent du nôtre, tourné vers d'autres horizons, d'autres préoccupations, d'autres façons de sentir où l'homme lutte avec la nature et l'exploite pour en jouir.

A coup sûr, de toutes les impressions neuves et fortes qu'imprime à l'esprit le voyage d'Extrême-Orient, nulle n'est plus puissante que la vision de la vie chinoise, surtout lorsque, ainsi qu'aujourd'hui, il est permis au voyageur de confronter le peuple chinois misérable et désaxé sur son propre sol et les communautés chinoises qui se développent librement et richement sur le nôtre.

De ces apparences et de ces comparaisons, résulte un flot de réflexions qui affluent irrésistiblement au cerveau et qui constituent une leçon profonde de sociologie, dépassant singulièrement toutes celles qu'ânonnent tant de faux savants dont le regard n'a pas dépassé la page d'un livre ou l'horizon d'un dogme étroit.

La vie chinoise est frénétique, immense, désordonnée, surabondante : elle vous grise d'abord un peu, vous étourdit ensuite et, en définitive, vous obsède et vous attriste.

Sur notre propre sol où, créant aux Chinois une situation véritablement privilégiée, nous voyons se développer chaque jour de plus en plus grandes agglomérations chinoises, mieux que nulle part ailleurs nous pouvons entrer en contact intime avec la Chine moderne, avec la masse chinoise.

Cholon, aux portes de Saïgon, déjà ancienne ville chinoise, dès notre débarquement nous ouvre une large fenêtre sur cet inconnu et il est très difficile d'exprimer avec des mots l'impression qu'on en éprouve.

Pour qu'elle soit complète et indélébile, il vaut mieux la ressentir le soir au moment où la vie chinoise atteint le sommet de son intensité.

Le pousse qui vous a amené le long des terrains vagues d'un grand port, à travers les entrepôts, les voies ferrées, les pavés grisâtres et gras, la poussière dont émergent quelques arbres, pénètre tout à coup dans le bruit, dans la clarté, dans la vie, et cette vie semble une immense fête. Sur la large chaussée inondée de lumière, globes électriques dans la rue, aux devantures, dans les magasins, aux étages, s'agite un peuple immense et confus, plein de bourdonnements et de stridences de gongs et de flûtes, de sonnettes, d'appels : hommes et femmes, marchent, s'insinuent, se bousculent et dans la foule, ornés de leur lanterne, traî-

nés par de forts gaillards, musclés, nus et rasés,
les pousse-pousse s'entrecroisent, rapides et légers,
au milieu des appels pour faire place, des appels
plus impérieux aux croisements des rues.

Sur cette foule épileptique, au-dessus et au-
devant des boutiques, des façades des maisons,
flottent des drapeaux, des oriflammes, des bande-
roles traversant la rue, multicolores et mobiles,
et, à côté d'eux, les longues enseignes rigides
rectangulaires, verticales, avançant sur le trottoir,
vous happent au passage, avec leurs ors, leurs
argents, leur rouge, leur vert, leur noir marqués
de colonnes de caractères d'or énormes et élégants.

D'emblée la rue vous surprend, vous saisit,
vous entraîne dans une danse nouvelle et inattendue.

Sur les trottoirs, tout le long de la chaussée,
sont installés de larges éventaires, quatre tréteaux
formant carré, au centre duquel le marchand se
multiplie derrière la barricade de ses boissons et
de ses victuailles.

Ici, le limonadier accumule toutes les bouteilles,
tous les flacons de toute forme et de tous pays,
depuis nos vermouths et nos byrrhs, depuis les so-
das et les limonades anglaises, jusqu'aux fontaines
de boissons chinoises, en des vases souvent beaux,
et aux théières toujours fumantes.

Là, le rôtisseur semble écrasé sous un monceau
de poulets rôtis, d'oiseaux de toute sorte, de vian-

des brutalement et bizarrement découpées, de char-
cuteries inquiétantes dont le chien fait souvent
les frais.

Plus loin, c'est un marchand de fruits; plus
loin, un débitant de tabac et d'allumettes; plus
loin, un glacier qui écrase sur une soucoupe un
bloc gélatineux dans une crème suspecte, plus
loin, le marchand de bonbons qui, à côté de corbeilles d'écorces et de fruits confits, étale en une
série de bols, enfilés sur des baguettes de bois,
des dattes, des olives et mille fruits imprévus.

Derrière ce premier plan bordant le trottoir,
celui-ci à son tour roule deux flots montants et des-
cendants, d'hommes au torse nu, de femmes en
sampot et en pantalons larges noirs et comme cirés,
la face ratatinée, ramenée en arrière avec leurs
cheveux, à part quelques belles et puissantes filles;
de jeunes élégants très dégingandés et sûrs d'eux-
mêmes : large pantalon flottant, large tunique ou
veste courte puce ou beige, large feutre à l'européenne, chaussettes de soie irréprochables et pan-
toufles soignées. Tout cela s'entrecroise sans hâte,
mais sans arrêt devant les boutiques éclairées et
amplement ouvertes où s'accumulent marchandises et clients.

Voici le coiffeur où, sous la lumière aveuglante,
les garçons coupent et surtout rasent des crânes, le
restaurant profond et comble où, accroupis autour
de guéridons, sur des banquettes ou assis autour
d'une table bien fournie, les convives, dans des

bols ou des soucoupes, assemblent des nourritures inconnues avec le riz et les ingurgitent avec leurs baguettes. Dans ces boutiques, tout est nu jusqu'au nombril : patron, cuisinier, garçons, consommateurs, et ce sont des entassements de chair jaune, parfois si denses qu'un cauchemar vous saisit.

Le marchand de miroirs, philosophiquement assis devant sa marchandise, se contemple, gras et calme, dans des glaces biseautées, gravées, ornées de fleurs de tout acabit et de toute couleur, de caractères de bonheur et d'abondance.

Le bijoutier au fond de son compartiment surveille ses ouvriers, installés chacun à leur établi, faisant fondre au chalumeau, dans de petits creusets, l'or et l'argent qu'ils modèlent sous vos yeux.

A côté, des ouvriers ferblantiers fabriquent des lanternes en fer blanc de formes imprévues et biscornues, et, dans le fond d'un compartiment voisin, un marchand de nattes obèse dort béatement étendu sur un ballot de sa marchandise. Un encorbellement d'or vous sollicite à pénétrer dans une boutique d'étoffes où les pièces, sans apparat, s'accumulent sur les étagères.

A côté, des rangées de pots et de boîtes signalent le pharmacien qui, grave, nu jusqu'à la ceinture et plein de conseils pour le client, mélange des poudres variées en des paquets mystérieux.

Maintes épiceries sont transformées en tripot. A peu de distance du seuil, la table de jeu est dressée, couverte d'un tapis semblable à celui de la roulette, derrière lequel le patron agite une boîte pleine de jetons dont l'ouverture fixe le sort. Il est aidé par ses filles graciles, souvent jolies, séduisantes dans leur kimono de soie, le chignon noir traversé d'épingles d'or suspendant des papillons ou des oiseaux de métal léger, les oreilles ornées de boucles fantaisistes, les bras cerclés d'anneaux d'or. De leurs mains fines, soignées, infiniment souples, elles ramassent et rendent prestement la monnaie avec un air à la fois grave et ingénu.

Tout le monde travaille, remue, s'agite à onze heures du soir comme en plein jour et même beaucoup mieux, car la vie de négoce se mêle à la vie de plaisirs.

On voit flamber de lumière, tout entiers, de larges premiers étages, à travers les baies desquelles chantent, sur un mode aigu, accompagnées d'instruments grêles, des chanteuses petites et fardées, au voisinage de grandes tables le long desquelles sont couchés, fiévreux, les joueurs de mat-jonk, tandis que vers ces lieux de joie montent gravement par des escaliers de glace éblouissants de reflets électriques, des groupes de jeunes gens ou de gros Chinois obèses et réjouis. Dans la rue voisine, le cinéma appelle sa clientèle par une profusion de lumières, et, derrière un jardinet soigné, garni de grilles, s'ouvre comme un porche de temple, dans une profusion de doru-

res, le vestibule garni d'autels dorés et de banquettes d'une autre maison de joie. Vers elle, accourent dans des pousses rapides les chanteuses,
parées comme des idoles.

Une rue moins bruyante et plus obscure, laisse
bâiller côte à côte, des coins de pénombre devant
lesquels veillent de vieux hommes philosophes. Par
l'allée, on y aperçoit deux longs lits de camp de
bois sur lesquels des hommes nus, vautrés côte
à côte, reçoivent des mains d'un coolie les pipes
d'opium dont ils aspirent vite et profondément
la bouffée; c'est le seul lieu retiré à peu près
calme; il y flotte une odeur aromatique et entê-
tante d'herbe sèche brûlée, et, de temps en temps,
en sortent des colosses titubants.

Près du marché qui vit encore et se prépare
pour le lendemain, des boutiques moins bruyantes
laissent voir des accumulations de bols, de tasses,
de soucoupes, de boîtes de porcelaine blanche et
bleue et d'autres des paniers de fibres de lataniers,
des bennes de sparterie. Souvent, le patron somnole au milieu de ses marchandises.

Tel est, en raccourci, très atténué, la vie d'une
ville chinoise où règne une odeur d'encens fondue
à des relents d'excréments et d'urine, où les lueurs
des lanternes de papier se mêlent à l'éclat des
lampes électriques et où retentissent de toute part
des détonations de pétards, de ces pétards chinois
à détonations multiples, comme celles des mitrailleuses.

Cette fête est quotidienne et cessant à peine quelques heures dans la nuit, elle est pour ainsi dire permanente, entraînant toutes les classes sociales dans un tourbillon délirant où le travail ne s'interrompt que pour le plaisir et se continue au milieu du plaisir.

Dans la journée, la ruche grouille sans arrêt; mais dans les boutiques ouvertes sur la rue passante, dans un coin, sur une natte, le Chinois fait la sieste.

Quel intérieur a-t-il d'ailleurs? Même chez les plus riches, on pourrait répondre aucun. La plupart du temps, sur un grand lit, dans un coin, les uns à côté des autres, des êtres dorment, à peine protégés par un rideau, dans une atmosphère méphitique. La plus grande promiscuité existe entre enfants et parents, maîtres et serviteurs, et lorsque le logis est séparé du lieu d'activité, ce logis est vide, les murs sont nus; nul confort, nulle intimité n'existent chez des multimillionnaires comme il y en a beaucoup.

J'ai été reçu par un Chinois qui venait de dépenser en fêtes pour le soixante-dixième anniversaire de sa mère, près de six cent mille francs. Il m'a abreuvé de champagne; il ne savait quelle amabilité me faire : car le Chinois est très poli, d'une politesse raffinée, sans excès d'obséquiosité, mais il me recevait dans une sorte de grande halle à peine ornée de quelques bannières brodées de devises, dans un lieu si abandonné que le moindre paysan français en fût mort de spleen et ses beaux vases anciens qu'il m'a montrés étaient cachés dans des boîtes de bois.

Que leur importe. Tout est pour l'activité et pour une fête, un repas, mais aucune délicatesse n'existe dans la vie. Au cercle, ils trouveront tout le luxe banal et grossier dont ils ont besoin après l'effort : l'alcool et l'opium apportant l'illusion.

Pendant qu'ils s'y prélassent, la femme tient le logis et s'occupe des enfants, comme une très bonne mère de famille et cependant la plupart d'entre vous, Mesdames, s'accommoderaient mal de son sort, bien que les différences des statuts conjugaux français et chinois impliquent peu de variété dans l'histoire de l'union, j'allais dire du conflit des sexes.

Le Chinois marié a le droit d'être infidèle, de prendre des concubines, mais il n'en use guère dans les premiers temps de son mariage, il observe la trêve morale que la plupart des Français consentent également.

Jeune, il travaille, se crée une situation, fait le plus d'enfants qu'il peut. C'est la période de sagesse. Arrive celle de la fantaisie. D'autres plaisirs le sollicitent et il y obéit, officiellement, c'est par cet adverbe seulement qu'il diffère de nous.

Tandis que la jeune Française est généralement tenue dans l'ignorance des écarts de son mari, la Chinoise les connaît et tient beaucoup à y participer, c'est-à-dire à choisir et à contrôler ses remplaçantes. Elle n'est pas moins jalouse d'exercer cette prérogative que l'une de vous de protéger son privilège conjugal, c'est qu'elle est considérée comme la mère honoraire des enfants nés hors du foyer et craint d'être évincée de cette fonction honorifique par une intruse habile qui obtiendrait sa répudiation ou machinerait sa mort.

Aussi les scènes de jalousie affectent-elles un mode très aigu et ne le cèdent-elles en rien aux nôtres. J'ai vu à l'hôpital de Moncay, une Chinoise jeune et jolie, couverte de soieries et de bijoux qui, en défendant âprement son honneur conjugal, avait eu la cuisse traversée d'une balle tirée par son époux. Nous ne voyons pas mieux. Les hommes se ressemblent.

D'ailleurs le concubinage n'est le lot que des riches, la monogamie est le sort des pauvres. Si choquant que cela paraisse, l'amour obéit aux lois économiques chez les boudhistes, comme chez les musulmans et même chez les chrétiens.

Voilà l'esquisse très rapide de la vie chinoise en Indo-Chine.

On voit ce qu'une pareille civilisation entraîne; c'est la fin de toute recherche, de toute méditation intellectuelle, de tout effort de pensée et d'art. L'activité ne vise que la jouissance matérielle et la jouissance abolit le goût de la réflexion.

La vie chinoise subit donc la même évolution que la vie américaine et que la vie de tous les peuples et cet excès de joie bruyante dans cet excès d'effort matériel ou commercial semble bien être le premier cycle de l'enfer moderne.

Telle est la première pensée que m'a inspiré le contact de la masse chinoise. Cette pensée n'a fait que se fortifier par la suite. Il n'y a en effet pas de classe sociale chez les Chinois de chez nous; il est tout à fait frappant de voir le patron partager le repas de ses ouvriers quand il a intérêt à bien les nourrir; non point dans un sentiment de fraternité, mais par un vague instinct d'égalité. Tout étant commerce et spéculation, nulle différence essentielle ne sépare en effet l'homme enrichi du coolie qui peut l'être demain et ils suivent instinctivement le même sort, mais cet instinct d'égalité n'implique nul sentiment de bonté ou de commisération.

La seule idée de l'homme enrichi est d'augmenter sa fortune par l'exploitation du plus pauvre.

Ces marchands n'ont qu'une préoccupation : faire fructifier leur argent dans le plus bref délai et d'abord le récupérer : pour cela, ils vendent à tout prix, fut-ce à perte, mais au comptant, ce qu'ils ont acheté avec des délais de six mois. Ils s'efforcent de regagner sous forme de fournitures à leurs ouvriers les salaires qu'ils leur paient.

Aussi sont-ils toujours sûrs de triompher quand ils se trouvent en concurrence avec un Français.

J'ai vu, de mes yeux, un gros stock de quincaillerie laissé pour compte à un Français qui ne trouvait pas d'acheteur même au prix coûtant parmi ses compatriotes; un Chinois, vendeur de riz, rachète ce stock payable à un an, il le revend le lendemain à perte, mais au comptant dans sa clientèle chinoise et le surlendemain prête toute la somme touchée au taux de 10 % par mois, sûr de gagner ainsi, en un an, plus de 100/100 de son achat tout en se faisant un client et un ami du Français vendeur et créancier.

Un autre, le plus gros marchand de savon de Pnompenh, vendait au prix coûtant sa marchandise à d'autres Chinois et aux Européens, mais gardait les caisses et en faisait un trafic fructueux, exigeait toujours d'être payé au comptant, tandis que lui ne payait qu'à six mois et se procurait ainsi un fonds de roulement, sans cesse augmenté, pour l'usure dont il vivait, tout en empêchant toute concurrence dans le commerce du savon.

Le souci du bénéfice accessoire est remarquable au point qu'on voit des entrepreneurs accepter sur travaux de terrassement par exemple, des rabais extraordinaires. Pourquoi? Cela est très simple : ils exploitent leurs ouvriers par la vente de nourriture ou par le jeu et le pays où ils ouvriront un débouché en y établissant des commerçants dont ils s'instituent les fournisseurs et ils ne paieront leurs fournitures qu'avec de très longs délais, de sorte qu'ils pourront encore, en prêtant, à de formidables intérêts, l'argent reçu pour leur travail, trouver une source nouvelle de revenus.

Egalité oui, dans l'instruction, dans le genre
de vie, dans les apparences, mais impitoyable exploitation de l'effort des plus faibles par les plus
puissants, à telle enseigne qu'un Chinois qui se
fait ouvrir un crédit en banque, prélève rapidement tout ce crédit pour le prêter à ses frères à
intérêts énormes.

Voilà un des aspects de la vie des Chinois sur
notre sol et son apparence brillante sans autre
charge ni responsabilité que l'impôt, en attire sans
cesse de nouveaux chez nous où toute besogne
autre que le commerce et la spéculation est pour
eux vaine et inférieure.

En Cochinchine, ils ont des rizières, mais ne
les cultivent pas; ils les louent et deviennent les
fournisseurs de leurs locataires à telle enseigne
qu'ils les font travailler pour rien. Or le Chinois
a été un grand peuple de cultivateurs, un des
plus laborieux de l'humanité.

Par l'exode soustrait à ses responsabilités, à
ses traditions, il perd ses vertus et crée de la richesse avec l'effort d'autrui, n'ayant plus qu'un
objet : spéculer.

Ce phénomène qui rappelle si parfaitement le
phénomène juif consécutif à la diaspora est vraiment précieux à observer, car il démontre que le
fait politique a plus d'importance que le caractère ethnique dans l'évolution des idées et des
tendances d'une nation et qu'emportant même ses
qualités de travail, de fécondité et d'esprit fami-

lial, un groupe humain, détaché de ses traditions et de la contrainte sociale, tend à redevenir un loup-cervier pour ses hôtes et pour ses semblables.

Actuellement, le Chinois nous aide à féconder des peuples endormis sous le linceul de l'histoire en sollicitant leurs désirs, en satisfaisant leurs besoins, mais sa force s'accroît, avec sa force sa prétention et il deviendra pour nous, fatalement, un ennemi, quand, ayant dépassé la mesure, nous devrons le forcer à limiter sa spéculation.

Actuellement, il a besoin de nous; c'est chez nous qu'il trouve la paix, l'ordre, la faculté d'extension, loin de ses révolutions, de son bolchevisme, de l'incroyable misère de son pays. Mais si ce pays se consolide, s'il retrouve l'ordre, c'est vers lui que ces Chinois, nos protégés, iront chercher un appui contre nous, de sorte qu'inconsciemment ou fatalement nous favorisons une invasion pacifique aux dépens des Annamites et de nous-mêmes, sans faire sur ce terrain, pas plus que sur les autres, progresser cette démocratie qui n'est rien en somme si elle n'est pas l'amélioration matérielle et morale du sort des humbles.

Je ne pense pas en effet que nous puissions prétendre améliorer le statut du coolie en le livrant à son frère, exploiteur infiniment plus dur que nous.

Ayant contemplé le Chinois dans sa vie quotidienne, regardons-le dans une fête, come celle du Têt, le premier janvier chinois, auquel j'ai assisté.

Cette fête est somptueuse, traditionnelle, religieuse et civile. Y manquer serait très mal pour tout vrai Chinois.

Elle comporte des visites officielles comme chez nous et, par toutes ces obligations, elle est aussi ennuyeuse qu'un premier de l'an de chez nous. Le Chinois se conforme à ces usages.

Le Têt, ce premier de l'an d'Extrême-Orient, est la date la plus importante de l'année, car elle ne comporte pas seulement des congratulations et des réjouissances, pas seulement des fêtes religieuses, mais aussi une grande échéance commerciale consistant dans l'apurement de toutes les dettes. Ausi cette fête s'étend-elle sur plusieurs jours et, autrefois, quand la vie était moins dure, s'étendait sur plusieurs semaines.

Le jour du Têt que j'ai passé à Hanoï m'a laissé une impression très particulière, car j'ai pu y confronter l'esprit chinois et l'esprit annamite. J'avais quitté ce jour-là les environs de Quang-Yen de bonne heure en auto et traversé tout ce delta du Tonkin, généralement fourmillant de foule sur les moindres routes. Le travail était suspendu; partout la campagne était solitaire et, dans les villages même, aucun marché, aucun négoce ne remuait ce peuple généralement toujours en mouvement.

C'était la même solitude, le même abandon

qu'on observe en nos campagnes de France le 14 juillet ou le 15 août. Par hasard, l'Annamite se confinait dans sa case ou dans sa maison; par hasard, il apparaissait, non en guenilles, en uniforme kaki, mais propre, remis à neuf avec quelques notes de couleur verte, rose, violette, chez les femmes et les enfants et la tunique de soie noire brochée chez les hommes.

Des groupes, munis de cadeaux, allaient de porte en porte avec la même apparence d'ennui obligatoire que chez nous; les cadeaux seuls différaient : des victuailles, œufs, volailles, gâteaux pour les adultes, des joujoux de papier pour les enfants, joujoux amusants d'ailleurs, poupées, chevaux caparaçonnés, bonshommes à barbe blanche, étonnamment semblables à nos pères Noël.

Tel était le spectacle que je contemplais pendant cent vingt kilomètres, sous un ciel gris, par un temps doux et mou jusqu'à Hanoï, quand la grande ville me permit d'assister aux cérémonies religieuses et de comparer le Chinois à l'Annamite.

Tout l'après-midi, passionné du spectacle, j'allai de temple en temple, comme jadis, à Christmas à Londres, j'avais fréquenté les églises de toutes les sectes.

Ici, il n'y a pas de sectes : le bouddhisme est suffisamment large pour satisfaire tous les esprits des moins croyants aux plus pieux.

Aux abords des pagodes principales, la foule

se pressait. Des marchands ambulants, installés près de l'entrée, avec les aveugles et les mendiants, débitaient des paquets de bâtons d'encens, des papiers de soie sur lesquels étaient collées des feuilles d'or et d'argent, des victuailles : fruits, bols de riz, des fleurs, et avant d'entrer dans la pagode chacun se munissait du nécessaire pour quelques sapèques.

Pauvre foule, douce, recueillie, convaincue en ce qui concerne les Annamites; correcte, disciplinée, formaliste en ce qui concerne les Chinois.

Les femmes annamites sans fin, avec des regards extatiques, se confondaient en lays devant le seigneur tigre en mosaïque, figuré à l'entrée, et se prosternaient, le front sur le sol, avec des gestes éperdus devant l'autel de Bouddha, à l'intérieur de la pagode, tandis que les familles chinoises entraient d'un pas décidé, la mère jaune et sèche, les cheveux lisses bien ramenés en arrière, poussant sa bande d'enfants très amusants et jolis, les garçons délurés, les filles avec leur natte, leur frange sur le front, leur regard noir direct et curieux. Chacun entrait chargé de cadeaux et, sous l'œil de la mère, ménagère bien stylée, faisait devant l'autel le nombre de révérences prescrites par le rite et déposait sur l'autel, dans un ordre parfait, fleurs, fruits, victuailles, cadeaux, sans nulle ferveur, comme pour expédier une corvée obligatoire.

J'ai beaucoup regardé, je n'ai pas vu un Chinois ému ou pieux; tous sortaient au bout d'un temps assez court après le circuit et les génuflexions obligatoires.

Ce peuple est formaliste et pratique en tout; cela est parfaitement évident quand on le regarde et quand on le compare. Mais, sorti de la pagode, le rite accompli, le Chinois se rattrapait. Tandis que les demeures annamites montraient de petits autels modestes, dressés dans la première pièce où l'on dépose, avant de les manger, les victuailles offertes aux esprits ancestraux, les boutiques chinoises rivalisaient entr'elles par la splendeur de ces autels, couverts d'étoffes rouges et dorées, érigés dans des pièces souvent toutes tapissées de rouge et garnies de larges bandeaux rouges, brodés de caractères d'or. Ces autels sont composés d'une table ou d'une estrade garnie d'étoffes sur lesquelles s'accumulent des vases, des fleurs, des chandeliers où flambent des sortes de cierges. Pendant plus de quinze jours, ils demeurent en place sans gêner en quoi que ce soit le négoce, formant plutôt pour lui une réclame utile.

Mais la splendeur de l'autel ne suffit pas à la magnificence chinoise, il lui faut la fête, l'ivresse, le bruit.

Outre ses vins de riz dont l'étiquette est ornée d'un tigre rugissant pour indiquer l'effet du liquide, le Chinois consomme en abondance nos champagnes et nos cognacs. Une bouteille de Martell ou de Hennessy est une dose quotidienne très usuelle pour un Chinois riche et j'en ai connu un qui absorbait en outre de quinze à vingt-cinq verres de champagne chaque jour.

Voilà pour l'ivresse : elle appelle le bruit, la musique et le feu d'artifice.

La musique est monotone et stridente, à base de gong, de tambour, de flûte ou de violon à deux ou trois cordes; elle tient à la mélopée obsédante, à la marche militaire avec des grincements et des hoquets : on finit par la subir après en avoir éprouvé une exaspération.

Elle s'accompagne parfaitement de bruits de feux d'artifice, ceux-ci sont peu variés : quelques figures de monstres et de dragons, des fusées et surtout, avant tout, des pétards qui éclatent dès le matin et détonnent toute la nuit.

Ces pétards sont énormes, enveloppés de papier rose dont les rues sont jonchées, avec des détonations répétées multiples, exaspérantes. On les fait éclater par centaines, par milliers pendant quatre ou cinq minutes consécutives; ils déchirent l'air avec un bruit de mitrailleuse au milieu de la liesse générale.

Musique et pétards enveloppent de leur atmosphère la fête chinoise.

J'ai assisté à une de ces fêtes, la fête des dieux, deux jours de suite à Pnompenh, au Cambodge. Elle commençait à la tombée du jour et se prolongeait jusqu'au delà de minuit. On ne peut mieux la comparer qu'à un cortège de mi-carême, mais combien plus somptueux et plus brillant.

D'abord une immense lanterne en papier rose et vert, couverte de caractères, suivie de deux files de lanternes portées haut, au bout de perches des formes les plus variées : fleurs, poissons, cubes, ballons; puis deux longues files d'enfants portant chacun une pancarte de bois doré, couverte de caractères, puis un char de musiciens frénétiques, couronné de lanternes multicolores, puis des bannières, des drapeaux de toutes les couleurs en incroyable profusion, puis des femmes fardées et parées, juchées sur des palanquins, des enfants sur de petits chevaux, d'énormes dragons en papier de plus de vingt mètres de long, sur le dos desquels une série de femmes idoles, parfaitement immobiles, s'échelonnaient; enfin le cortège des dieux sur des autels portatifs d'or, sauvages et sans art, mais brillants, escortés de flûtes aigres.

Tout cela, au milieu d'une profusion de torches et de torchères, d'une foule bigarrée et remuante, mêlée de jaunes et de noirs nus et frénétiques, accompagné de pétarades sans fin, avec des échappées de jolis costumes colorés, de tiares d'or pyramidales à la cambodgienne, laisse un souvenir extraordinaire où se condensent les caractères de l'outrance chinoise, secouant les peuples doux et comme somnolents de l'Indo-Chine.

Le parcours de la ville chinoise, à l'ordinaire si animée, mais devenue vraiment diabolique par cette procession de plus d'un kilomètre de long, s'arrêtant, repartant dans la nuit chaude, sous les globes électriques, me retenait malgré le caractère grossier et démagogique de cette liesse qui secouait les sens sans rien leur apporter de vraiment beau, excitant simplement la jouissance physique, sans aucun raffinement.

Aussi quel repos délicieux! quelle détente je goûtai, à minuit, sur les berges silencieuses du Tonlésap, l'immense fleuve de plus de huit cents mètres de large qui arrose Pnompenh, sous la clarté apaisante de la pleine lune.

Ce caractère grossier, matériel, mercantile et frénétique de la vie chinoise m'a vivement frappé, car il n'est au fond que l'aboutissant naturel et pour ainsi dire nécessaire d'une société où l'exception et le privilège en faveur de l'intelligence, ces fondements de l'organisation sociale ont cessé de se maintenir dans le peuple des mandarins et où une seule loi existe pour tous les êtres : accaparer, par tous les moyens, les sources de la richesse et jouir de celle-ci, fatal destin des démagogies!

Quoiqu'il en soit, l'abondance, la profusion, la vie se manifestent de la façon que je viens de dire, chez les communautés chinoises sur notre sol, grâce à la seule liberté et à la sécurité, tandis qu'une brève incursion d'un jour, dans la Chine soviétisée m'a permis de constater ce que devient la nation chinoise sur son propre sol, et de corroborer les très nombreuses impressions semblables qu'au Tonkin on recueille de tous côtés.

J'ai passé une journée entière dans une ville chinoise, prospère, de trente mille habitants, Tong kin, envahie depuis la veille par l'armée rouge sous le commandement des Russes, sous l'emblème de la faucille, du marteau et de l'étoile de Canton.

Arrivé la veille à Moncay, notre extrême poste frontière, au nord-est du Tonkin, après un merveilleux voyage par les baies d'Along et de Faitsilong, parmi les innombrables îles rocheuses ruisselantes de verdure, reçu de la façon la plus exquise par le colonel Barrau qui commande le territoire, je n'avais qu'une envie : passer la rivière et, en même temps, la frontière pour mettre le pied sur le territoire chinois.

Le colonel me dit : « Officiellement, je vous interdis cette excursion, mais si votre confrère, le docteur Dudognon, vous accompagne vous pouvez la faire, car il soigne la moitié de la ville à notre dispensaire et est connu de tous. »

Avant d'aller à la ville chinoise, celle-ci d'ailleurs, était venue à moi, si je puis dire. Devant la révolution bolchévique, l'exode de toute ce qui est riche a doublé la population de Moncay et la congrégation chinoise y a un fort bel édifice avec un très grand théâtre, tout à fait pur, tout en bambous, bâti et toit, où je passai une fort intéressante soirée à écouter une pièce chinoise dont je ne comprenais que la pantomime.

Etrange théâtre, tout traditionnel et formaliste dans le geste, extraordinairement fantaisiste dans l'action! On jouait une pièce dont la trame est à la portée de tous puisqu'il s'agissait d'une scène de ménage arbitrée par une sorte de magistrat.

Le mari, couvert de soies, de pierreries, et d'une sorte de diadème d'or, par phrases violentes, glapissantes, et gestes agressifs, reprochait à la femme, je ne sais quoi... une infidélité peut-être.

Il dominait d'une grande hauteur sa femme toute petite, également somptueuse et qui l'écoutait sans répondre d'un air d'indifférence et de défi. Le magistrat, de temps en temps, du haut de son trône, posait une question, à laquelle le mari répondait en s'excitant sans cesse; chacune de ses phrases glapissantes était ponctuée par l'orchestre d'un roulement de tambour, d'un coup de gong ou d'un piaulement de flûte.

A son tour, la femme répondit avec une extrême volubilité et d'une voie suraiguë : elle n'admettait visiblement pas les explications de son époux qui paraissait tout à fait décontenancé devant son assurance, ainsi que le magistrat d'ailleurs.

Mais ce dernier n'eut pas la charge de prononcer une sentence, car tout à coup une troupe fantaisiste d'acrobates funambulesques envahit le théâtre, chassant mari, femme, juge, tandis qu'ils se livraient aux gymnastiques les plus bizarres.

Un de nos bons poilus, paysan français pur

jus, mon voisin, s'esclaffait et me prenait à témoin
de la stupidité de ce théâtre : « Ah! ce qu'on
rigolerait s'ils venaient chez nous, ne cessait-il de
me répéter; par exemple ils pourraient bien recevoir des œufs et des pommes! » et il haussait les
épaules sans nul esprit philosophique.

Le lendemain matin, dans notre Moncay également, refuge de toute la vie chinoise depuis
l'envahissement de l'anarchie, j'assistai à un mariage chinois riche, dans le plus sélect restaurant
de l'endroit.

Dès le matin, le restaurant resplendissait; sa devanture disparaissait sous des larges bandeaux
rouges (la couleur du bonheur) brodés d'or et
tout l'intérieur était tapissé de rouge. Sur la rue,
des tables de laque rouge s'alignaient sur lesquelles
de grandes boîtes de laque sculptée attendaient
les cadeaux. Le fiancé venait jeter un dernier coup
d'œil à ces préparatifs. A la porte du restaurant,
sa chaise à porteurs et celle de sa fiancée attendaient; celle de l'homme, laquée noir avec larges
fenêtres; celle de la femme, plus grande, mais
entièrement close, délicieuse, rouge avec de délicates peintures de feuillages, de fleurs, d'oiseaux,
de papillons multicolores; dans les angles frémis-
saient des papillons et deux pélicans (signes de
fécondité) taillés dans une feuille de métal doré.
Cette chaise, très ancienne, aurait été digne de
porter à Chanteloup, Mme de Pompadour et je
ne me lassais pas de la regarder, quand retentit

un concert de flûtes, de fifres et de cymbales : les joueurs de flûte venaient chercher le fiancé qui sortait du restaurant, grave, plein de son importance avec son large pantalon chinois, une longue tunique de soie puce, un chapeau de feutre gris et montait dans sa chaise à porteurs pour se diriger vers le domicile de sa fiancée, suivi de l'autre chaise vide et des joueurs de flûte, coiffés du chapeau chinois, jouant frénétiquement un air aigre et monotone.

Je les suivis jusqu'au pont-frontière et montant sur une éminence, coiffée d'un blockaus qui domine le fleuve, je regardai la ville chinoise dans la première fraîcheur du matin.

Dans une boucle de la rivière, adossée à un écran de montagnes découpées, mauves et jade, la ville s'étendait à mes pieds de l'autre côté de l'eau, irrégulière, groupant les cubes quelconques de ses maisons, sous quelques tours peu élevées au sommet desquelles flottait l'étendard soviétique rouge, orné de la faucille et du marteau.

A ma droite, le vieux pont couvert avec des arches d'une courbe amusante, au delà du pont, le port des jonques entassées dans un enchevêtrement pittoresque de mâts et de cordages; à ma gauche, la rivière encaissée, caillouteuse et torrentueuse en ce moment de marée basse, encadrée d'arbres et de champs.

Dans les ruelles descendant au fleuve, le long de ses berges, une foule misérable grouillait comme une fourmilière, lavant, puisant de l'eau, pêchant, se baignant ; le contraste était saisissant entre notre rive déserte et l'autre vivant d'une existence intense, alors que sur notre sol cependant, comme je le dirai, s'est réfugié tout le commerce, toute l'industrie fort importante : c'est que là où le Chinois domine, toujours un mouvement formidable et presque animal apparaît.

Une heure après, accompagné du docteur Dudognon, médecin des troupes coloniales et de sa charmante femme, des pousses rapides, rasés, avec la culotte courte et la veste bleue chinoise nous amenaient au delà du pont gardé par de farouches soldats chinois, tête nue, ceinturés de cartouchières, l'air indolent et lointain, comme s'ils accomplissaient une corvée.

La ville a des rues étroites, irrégulières, tortueuses et souvent affreusement puantes ; l'odeur fécale domine franchement. Sa misère me frappe, surtout quand je pense aux villes chinoises que j'ai vues sur notre sol : c'est tout un peuple dépenaillé et sordide qui m'entoure, certains enfants sont nus, les boutiques sont petites, pauvres, mal achalandées, misérables même ; il m'est impossible de trouver un bijou banal, même d'argent, une étoffe de soie la plus courante. Cependant je me complais à l'aspect chaotique et vivace des enseignes rectangulaires avançantes avec leurs caractères qui accrochent l'œil, je retrouve cette allure fantaisiste qui m'amuse, quand Mme Dudognon, à côté de laquelle ja marchais, me tire par la manche : à notre rencontre viennent deux colosses bolchevistes en blouse russe, la taille serrée dans une double ceinture cartouchière, la tête rasée, l'air véritablement féroce, qui s'avancent à pas de loup, regardant à droite et à gauche, projetant au-devant d'eux, un énorme revolver Mauser *parabellum*.

Ils nous examinent des pieds à la tête, nous visent et ma compagne frissonnante se rapproche de moi, en me chuchotant : « J'ai peur ». Je lui réponds : « Il ne faut pas en avoir l'air » et nous passons avec la sensation qu'une balle dans le dos pourrait parfaitement nous transpercer.

Au bout de la rue, un large espace noir avec des pans de murs et des poutres calcinées, témoigne d'un incendie récent. On n'a rien déblayé et on jette là simplement des ordures.

Puis nous pénétrons dans des ruelles sordides et mornes, qui, paraît-il, étaient pleines de vie il y a peu de temps.

Rue des menuisiers, les tours toujours actifs se sont tus; rue des charpentiers, on entend à peine quelques échos du marteau clouant du bois; rue des ferblantiers, toujours active et vibrante, silence presque complet sauf chez un marchand qui a construit une adorable lanterne que nous voulons acheter, mais il ne travaille que pour la fête de sa propre mère à laquelle la lanterne est destinée.

Dans une rue entièrement déserte et silencieuse,

j'ai une vision qui m'est restée : celle d'une devanture où des guirlandes de saucisses de chien attiraient seules le regard, dans une atmosphère putride.

Plus loin, un enterrement nous arrête : un char misérable, des croque-morts débraillés qui se houspillent en riant, un flot de drapeaux désordonnés, une assistance glapissante sans nul recueillement me laissent une impression pénible et scandaleuse.

Nous revenons sur nos pas, nous allons chez le délégué chinois chargé des rapports avec la France depuis plus de dix-sept ans et qui demeure instable dans ce désordre.

Huit jours après ma visite, il a été contraint de fuir sur notre sol, tandis que les policiers qui m'avaient menacé de leur revolver tuaient un Français comme un lapin.

Ce délégué, qui habite une charmante maison entre une avant-cour fleurie et un jardin de bambous et de palmiers, me reçoit d'une façon charmante, nous abreuve de champagne et cause avec la prudence qu'exige sa situation délicate.

Ses phrases sont énigmatiques, mais accompagnées d'une mimique significative. Ce vieux lettré, aux mains de l'ennemi, ce représentant de l'ordre ancien au service de la révolution est sans défense et voudrait cependant bien garder sa maison charmante et sa place. Qui ne le comprendrait?

J'apprends cependant que la place de Tongkin est aux mains d'un ancien coolie pousse, enrichi par le brigandage et la spéculation sur le riz, qui a recruté une bande de soldats, a chassé le chef légitime, fils de lettré et artiste, réfugié à Haïphong, s'est proclamé maréchal et présenté comme tel à notre colonel qui connaissait son histoire.

J'apprends que la ville regorge de soldats comme j'ai pu le voir, commandés par des officiers russes en train de faire préparer un succulent repas à l'hôtel voisin.

Nous sortons en compagnie du délégué pour achever notre connaissance avec la ville. Dès le seuil de sa maison, il nous arrête devant une table recouverte d'un tapis vert et entourée de fauteuils : c'est la table de délibération de la chambre de commerce, installée devant la porte de celle-ci en pleine rue. Les membres de cette chambre sont tenus de discuter en plein vent sous l'œil de la soldatesque dont ils doivent, bon gré, mal gré, fournir la solde. Le maréchal a bien prélevé une contribution de cent mille piastres, mais il en a gardé pour lui quatre-vingt-dix-neuf mille et, chaque semaine, oblige les commerçants à assurer les besoins courants de l'armée; aussi toutes les marchandises, suivies des femmes et enfants des commerçants, ont-elles émigré sur notre sol et c'est pourquoi Moncay regorge de maçons chinois, poussant des brouettes métalliques à roues pleines et grinçantes, effroyablement grinçantes, en train d'ériger en hâte de nouvelles maisons.

La révolution fait le vide et crée la misère en provoquant l'évasion fiscale.

Plus loin, nous trouvons l'hôtel chinois et j'entre dans la cuisine pour regarder préparer les agapes russes du soir. Tout le monde travaille. Trois aides sont en train de brasser une pâte à gâteaux, fort appétissante. Les émissaires soviétiques ne se refusent rien au milieu de la misère qui, de toutes parts, éclate à nos yeux. Le long d'un mur, un marchand chinois crasseux a déposé cinq grandes marmites dégoûtantes et d'une claquette de bois appelle les clients qui accourent. Pour cinq sous (quinze sous de notre monnaie) ils ont le droit de puiser aux cinq marmites pleines d'une innomable ratatouille. Ils plongent leurs mains noires dans les marmites, pêchent un morceau, le rejettent dans la marmite s'il ne leur convient pas et remplissent ainsi leur ventre vide. Un client trop affamé et qui abuse reçoit du marchand un superbe coup de pied aux fesses et détale mal rassuré.

Un immense dégoût nous soulève; cependant, nous déambulons encore jusqu'à l'établissement de jeu où, sous une grande halle ouverte à tous les vents, six à huit tables de jeu sont littéralement assiégées de foule; chacune est une pyramide d'êtres en lambeaux crasseux qui, passionnément, jouent leurs dernières sapèques. C'est ici le dernier cycle de l'enfer : le jeu achève la ruine et la misère. Voilà ce qu'en quelques mois a fait l'anarchie d'une ville très prospère.

Nous nous hâtons maintenant vers le pont qui va nous ramener dans l'enceinte en fils barbelés où il a fallu enfermer Moncay pour le mettre à l'abri d'un coup de mains. Sur le pont, nous rencontrons un riche, très riche Chinois qui, définitivement, transporte chez nous son industrie. C'est un gros homme réjoui et accueillant qui nous emmène dans sa fabrique de porcelaine établie sur notre sol et qu'il est en train de doubler d'un second four qui lui coûte plus d'un million.

Nous assistons à l'éclosion merveilleuse sous les doigts des tourneurs artistes des vases, des tasses, des soucoupes qu'un autre prestigieux artisan décore au pinceau de dessins classiques avec une incroyable virtuosité.

A deux cents mètres de l'enfer soviétique, c'est le travail fécond, la tradition qui continue avec toute la grâce du geste élégant. Nous sortons du pur XIVe siècle, du ravage, de l'incendie, de la misère, des grandes compagnies, pour retrouver l'ordre militaire français, la sécurité apparente sous la protection des canons et des mitrailleuses et l'affreux, l'ignoble mensonge communiste et égalitaire éclate à nos yeux par un contraste inoubliable et saisissant.

Ici, la Chine industrieuse, artiste, commerçante refleurit grâce à nous et se confronte avec la vraie Chine déchirée et pantelante.

Cette image ne saurait s'effacer de mon cerveau et m'a dicté un devoir auquel je ne faillirai pas, celui de lutter sans merci contre tout le verbiage révolutionnaire. J'ai vu, j'aurais voulu que vous tous vissiez comme moi.

En rentrant à la Résidence où je rendis compte de ma visite au colonel Barrau, méditant dans les jolies avenues de Moncay sous les tamariniers aux feuilles rouges, les flamboyants aux feuillages légers, les gracieux lilas du Japon, dans le parfum des mimosas épineux qui rappelle la violette, je songeais que la révolution salit même le vice. J'opposais, dans mon souvenir, la halle hideuse de jeu que je venais de visiter, aux salles ruisselantes de lumière de Cholon, de Pnompenh et surtout à ces charmants villages de jeu que j'ai vu à Hué. En plein air, entre des haies d'hibiscus et de bananiers, une quinzaine de cabanes en bambous sur pilotis sont édifiées, juste assez grandes pour abriter une ou deux personnes accroupies; entre elles, au centre, sur une petite place, le tenancier du jeu se promène, muni d'une liasse de cartons numérotés et il appelle des numéros qu'il remet au fur et à mesure aux occupants des cases qui ont les semblables. Au bout de dix minutes, le gagnant de ce loto est proclamé dans une grande agitation car il gagne douze fois sa mise qui est le prix de la location d'une case.

Rien n'est joli comme les groupes de femmes anxieuses, accroupies sur le seuil de leurs cases comme des oiseaux sur des perchoirs, animées de la fièvre du jeu et rien n'est amusant comme la lutte pour occuper les cases à la fin de chaque partie avec les rires et les cris qu'elle provoque.

Quoiqu'il en soit, voici le même peuple sur le même sol, susceptible de donner à quelques mètres de distance deux images parfaitement différentes, parce que d'un côté il est voué à toutes les forces destructives après avoir brisé son lien social, parce que de l'autre, la liberté lui étant assurée avec la sécurité, il peut développer spontanément ses facultés dans l'exil en y transportant ses mœurs.

Quelles leçons simples et évidentes : la nécessité de l'ordre, de la sécurité, de la liberté, la nécessité du lien social.

Cette dernière nécessité est particulièrement évidente quand on considère qu'en somme les Chinois n'ont rien perdu de leurs qualités primordiales : forte race, résistante, positive, travailleuse, industrieuse, prolifique, pourvue d'une très puissante organisation familiale et de l'instinct de l'association et de la solidarité. Il ne lui manque rien d'essentiel pour se développer et elle se développe dès qu'elle trouve un centre de cristallisation.

Dans notre colonie, ce centre c'est le chef de la Congrégation qui est, à notre égard, le garant responsable des communautés chinoises, qui règle l'admission sur notre sol où l'expulsion d'un fils de Han, qui veille à l'ordre dans l'intérieur du groupement, qui est, pour ainsi dire, un noyau de solidarité entre ses membres, qui évalue la confiance qu'il est permis d'accorder à chacun d'eux, qui joue en somme le rôle d'un truchement entre les Chinois et nous et d'un arbitre entr'eux, muni d'une sorte de pouvoir discrétionnaire.

Cette heureuse combinaison de sécurité et de liberté assurée par nous, de contrôle et d'autorité assurée par eux, permet ce développement merveilleux et peut-être dangereux, en tout cas fort intéressant, des communautés chinoises.

D'autre part, à l'intérieur de l'Empire, la rupture du lien impérial, avant tout, qui assurait l'ordre et le respect, l'anachronisme du mandarinat fondé sur la seule connaissance, aujourd'hui bien insuffisante, des lettres et de l'histoire, l'indépendance de fait des généraux pillards et rivaux et enfin le ferment communiste tombant sur un terrain essentiellement démocratique, ont tout disloqué et compromis, sans que cependant aucune des qualités foncières, primordiales de la race chinoise ait été atteinte, ni détruite.

Voilà donc un exemple tout à fait saisissant de la nécessité du maintien du lien traditionnel dans un peuple, en même temps que du grand danger d'un esprit conservateur rétrograde comme celui des mandarins. Autorité et mouvement sont essentiellement nécessaires à une société, voilà la première conclusion à tirer du problème chinois.

Une seconde conclusion, non moins importante, en découle : c'est que l'organisation politique est pour un peuple un ciment plus indispensable que l'organisation économique. Les Chinois, tout en gardant leurs précieuses qualités commerciales, ne peuvent rien en tirer dès que l'organisation politique est défaillante. La préoccupation politique doit donc être placée au premier rang. Ceci est tout à fait contraire au matérialisme marxiste et ici, cependant, tout à fait évident.

Enfin la troisième conclusion moins nouvelle à tirer du spectacle de la Chine en folie, c'est que l'esprit égalitaire, niveleur, bolchevique est le plus monstrueux des ferments et que la propriété est l'essence même d'une société civilisée, à tel degré que toute richesse s'évapore dès que le possédant perd la liberté et la sécurité pour ses capitaux ou pour son industrie.

Tout ceci, tous ces éléments du catéchisme politique, nous pouvons les toucher au doigt et en établir, grâce à cet immense désordre, la nécessité expérimentale; mais nous pouvons tirer encore de l'évolution des Chinois sur notre sol d'autres conclusions moins essentielles, mais fort intéressantes. J'y ai déjà fait allusion en comparant le Chinois exilé au Juif errant, en montrant que fatalement cet étranger déraciné devenait commerçant, banquier, usurier, exploiteur du travail manuel. Pour le Chinois, le fait est d'autant plus frappant qu'à l'origine, il est, avant tout, agriculteur, et que, transplanté, il cesse de l'être. Une trop brève excursion au Siam où les Chinois sont fixés depuis beaucoup plus longtemps, m'a permis de constater que le Chinois fixé et marié à une Siamoise, redevenait agriculteur, retrouvait toutes les qualités ancestrales et, de fait, le jardin de Bangkok, la plaine fertile de la rive droite du Menam, est entièrement cultivée par ces Chinois métissés et fixés. Cet exemple certain peut-il nous faire espérer une évolution semblable d'Israël métissé de paysannes françaises?

De même, la civilisation grossière, brutale, purement matérielle que j'ai signalée chez les Chinois émigrés pourra, éventuellement, se transformer par l'intervention des soucis de raffinement et d'art, d'ont j'ai recueilli à Hanoï, à Saïgon, à Penang les premiers signes chez des commerçants chinois enrichis qui se sont fait bâtir de belles demeures, ont le souci de les orner et de les entourer de jardins souriants : c'est évidemment le premier pas vers l'évolution intellectuelle et artistique depuis longtemps en voie d'accomplissement chez nos Juifs d'Europe, chez qui la fortune détermine le souci intellectuel et le goût artistique à un si haut degré.

Les conditions historiques entraînent donc des destinées parallèles et je recueille là une preuve indiscutable que le caractère ethnique, je l'ai dit, est moins déterminant que nous ne le pensons communément.

Pour s'en convaincre, il suffit de voir qu'une solidarité de même ordre unit les membres d'une communauté chinoise que ceux d'une communauté juive d'Orient.

Les Chinois s'aident entr'eux, ouvrent un crédit à celui qui entreprend, renouvellent au besoin ce crédit une ou deux fois, mais abandonnent et même expulsent celui qui a trompé plusieurs fois leur confiance, exactement comme faisaient les Juifs. Telles sont les conclusions d'ordre philosophico-historique qu'impose le spectacle des Chinois d'Indo-Chine; mais il est des problèmes d'ordre plus pratique, plus immédiat qui se posent pour aujourd'hui et pour demain.

Quelles seront l'évolution et l'influence des groupements chinois?

Quelle politique importe-t-il de suivre à leur égard?

Quels sont, quels seront nos rapports avec nos voisins de Chine et à propos d'eux avec les nations européennes?

L'évolution actuelle des groupements chinois est nettement de profiter pour s'accroître de l'ordre que leur assurent les diverses colonies européennes afin d'augmenter leur force et leur fortune : gagner, accaparer et jouir, tels sont les trois termes des tendances chinoises. Le gain est leur premier et principal moteur; sa préoccupation domine chaque Chinois depuis l'enfance jusqu'à la vieillesse. Tous ont la hantise de gagner, de gagner par tous les moyens et de gagner vite. De là, découlent leur agitation, leur frénésie, leur ubiquité, leur goût du jeu. Dès que le travail cesse, le jeu commence et ce jeu devient un travail qui doit aboutir à un résultat aussi rapide que possible. Le Chinois ne joue pas à son jeu national, le mat-jonk, à notre façon, il ne cherche pas la difficulté, ne s'attarde pas aux combinaisons, il a hâte d'arriver à la conclusion rémunératrice, celle-ci dût-elle être très faible, aussi remue-t-il ses dominos avec une prestesse à laquelle nous ne sommes nullement habitués, édifie-t-il ses murs en un tour de main et ne prononce-t-il pas une parole. Hommes et femmes, étendus autour de la table de jeu, se hâtent, profitant de la moindre chance, et donnent ainsi véritablement une image de toute leur vie de négoce quelconque, de petits et de gros profits. Ils étendent en effet leur activité à tous les domaines et ne se contentent jamais d'un seul genre d'affaires. Ils usent de leurs mœurs pour multiplier leurs tentacules; ayant plusieurs femmes, ils installent chacune dans des endroits différents et les mettent à la tête d'un commerce dont ils absorbent le profit pour tenter personnellement une nouvelle affaire, souvent obscure qui consistera parfois plus à ruiner un concurrent qu'à entasser une nouvelle somme.

Leur vie est une combinaison perpétuelle au cours de laquelle ils ne gardent qu'un scrupule : celui de faire honneur à leurs engagements, ce qui achalande encore leur firme : honneur commercial qui les apparente encore aux Juifs.

Unis à quelques-uns de leurs compatriotes, souvent de la même province qu'eux, ils forment, entr'-

eux, au sein de leur congrégation, des associations fécondes, mais jalouses des associations voisines, luttant contr'elles et ayant le souci de les écraser par leur faste extérieur, comme on le voit dans les fêtes où il y a concurrence de splendeur entre les costumes et les dons.

Le gain leur assure la puissance dont ils aiment user, en intervenant dans les affaires et les sociétés européennes et la faculté de jouir par tous les sens qu'ils affichent avec un cynisme tranquille et souriant. Le gros Chinois riche, bedonnant, marqué d'une assurance tranquille et d'un sourire un peu narquois est un type fréquent et il y a peu de retenue dans sa façon de profiter de l'existence? Vêtu de soies choisies, on le voit descendre d'une automobile resplendissante et ultra rapide, monter l'escalier de cristal fulgurant d'un cercle, absorber quelques bouteilles de champagne, s'entourer de chanteuses, puis se coucher sur le lit de fumerie d'opium et aspirer de quelques bouffées brusques avec un air d'extase, la pipe artistement préparée par lui ou pour lui. Il fait tout cela ouvertement, non seulement sans hypocrisie, mais avec une sorte d'ostentation.

Ce besoin de jouir est un stimulant nouveau à son activité, car ses joies sont onéreuses et il a le souci de ne pas déchoir aux yeux des autres.

Une telle activité, de telles mœurs, entraînent un accaparement progressif de la richesse par les Chinois, d'abord au détriment des indigènes dont ils excitent les vices en leur prêtant de l'argent et en les contraignant ainsi au travail, ensuite au détriment des Européens qui ne sont pas en mesure de lutter avec le Chinois dans le commerce petit ou moyen.

Malgré cet inconvénient qui dans l'avenir peut devenir un gros danger, le Chinois est actuellement un précieux ferment d'activité et de civilisation, suivant ou même précédant la route ou le chemin de fer, s'installant dans les petites localités satisfaisant les besoins des indigènes, leur en créant de nouveaux et déterminant d'intenses courants de vie grâce à leurs multiples et concurrents services d'automobiles qui entassent marchandises et voyageurs par une rivalité sans merci.

Cet élément de prospérité se double pour nous de l'avantage d'avoir dans le Chinois un contribuable complaisant auquel on fait payer par des augmentations de taxe les libertés qu'on lui laisse pour le jeu, la débauche et le bruit nocturne et qui s'acquitte sans sourciller, sachant profiter des avantages de ces licences.

Ainsi s'accroit la fortune chinoise aux dépens de tous les pauvres. Jusqu'à présent, il n'y a pas à cela grand inconvénient car peu de ce capital émigre de la Chine bouleversée par la révolution; mais si cette révolution s'apaise, si l'instinct national apparaît ou reparaît la plus grande partie de ces sommes gagnées sur notre sol et grâce à nous, émigreront en Chine et la colonie s'appauvrira d'autant. De plus ces colonies chinoises riches et puissantes, aujourd'hui humbles entre nos mains dispensatrices de tous les biens, auront, si la Chine se reconstitue, tendance à chercher leur point d'appui dans leur patrie originelle et constitueront des avant-gardes dangereuses, en apparence pacifiques, de soldats armés innombrables. Nous nourrissons dans notre sein un ennemi éventuel très dangereux. Nous avons donc un intérêt majeur à le contrôler très étroitement et à prendre sur lui, par notre législation, des gages assez efficaces pour le ranger de notre côté, en lui assurant notre protection sous condition et en mettant, surtout, à son accroissement indéfini, des réserves qui, dès maintenant, nous permettront de limiter l'immigration.

Il est possible d'ailleurs que la prolifération même des colonies chinoises, déterminent beaucoup de leurs membres à se fondre, comme au Siam, avec la population locale, à se fixer, à faire souche et, ainsi, à se dénationaliser. Dans ce cas le danger chinois perdrait beaucoup de ses pointes.

Tel est l'aspect interne, si je puis dire, de la question et du danger chinois. Il en est actuellement un autre, c'est l'aspect extérieur, c'est la menace sur nos frontières de la Chine déchaînée, bolchevisée, ruinée.

Cette menace n'est pas illlusoire, ainsi que mon propre récit vous a permis de le constater, mais elle est encore latente, virtuelle et personne, même parmi les plus renseignés, n'est en mesure d'en fixer l'importance ni les délais. Il convient toutefois d'en examiner dès maintenant l'origine, les modalités, les périls et les remèdes.

L'origine en est uniquement, comme partout, dans la jalousie anglo-saxonne, dans le défaut de solidarité des Alliés après la guerre et dans la rivalité américano-japonaise.

La jalousie anglo-saxonne, en l'espèce, ne s'est pas proprement exercée contre nous, mais plutôt entre Américains et Anglais. Les Américains ont jeté sur les provinces du sud de la Chine, avec une incroyable prodigalité, l'argent et les missions, soi-disant chrétiennes, sous l'enseigne de Y.M.C.A., pour disputer, aux Anglais surtout, le commerce de ces régions en excitant les Chinois contre eux.

Du même coup, ils comptaient prendre solidement pied dans la Chine du Sud, contre une avance éventuelle du Japon dans la Chine du Nord. Leur plan a réussi, en ce qui concerne les Anglais, au delà de leur espérance. Le commerce de l'Angleterre avec la Chine du Sud est radicalement détruit. La superbe et orgueilleuse Hongkong n'est plus qu'une ville morte qui a perdu et continue à perdre des centaines de millions de livres sterling. Pas un Anglais, sans les risques les plus graves pour sa vie, ne peut pénétrer dans les provinces du sud et, devant l'importance de l'effort à faire, malgré ses ruines, pour ne pas se brouiller avec l'Amérique, l'Angleterre, accepte, avale l'affront, ne bombarde pas Canton qui est à sa portée.

Voilà, sans parler de l'inextricable imbroglio intérieur chinois, la cause primordiale de désordre dans la Chine du sud.

De ce désordre ont profité les soviets unis secrètement aux Allemands.

Avec la connivence des Japonais jaloux de la progression américaine et protecteurs du nord de la Chine contre le poison bolchevique, les soviets se sont installés à Canton, ont surexcité ou même créé un nationalisme chinois et fourni aux Chinois, par l'intermédiaire de l'Allemagne, armes et munitions.

Aujourd'hui le Kuomingtan, ce directoire exécutif de la Chine du Sud, est présidé par un Russe Borodine avec l'appui de la veuve de Sunyatsen.

Aujourd'hui les bandes chinoises sont encadrées d'officiers européens, parfaitement armées et fournies de munitions par les Allemands qui, sous prétexte d'affaires diverses, particulièrement couleurs et parfums, se sont mis, comme j'ai pu m'en assurer, à parcourir toutes les régions qui touchent nos frontières en les alimentant de munitions et d'armes.

De ce fait la situation a changé en ce qui nous concerne et nous sommes là bas, à notre tour, directement menacés, étant en état d'infériorité numérique et d'infériorité d'armement tout à fait flagrantes.

Armés et disciplinés, les Chinois ont relevé la

tête et c'est actuellement les missions américaines elles-mêmes qui sont menacées par eux, car leur intrusion et leur prosélytisme ont déchaîné dans le sud de la Chine, un formidable mouvement antichrétien qui oblige nos Pères des Missions, installés là-bas depuis des centaines d'années et généralement en excellents termes avec les Chinois, à envisager la nécessité de leur départ s'ils ne veulent pas être massacrés. Sans l'anarchie chinoise, sans les rivalités de généraux indépendants et pillards ne songeant qu'à rançonner le pays et à trahir alternativement tout le monde, la situation là-bas serait immédiatement très grave et peut le devenir d'un instant à l'autre. Pour le moment nous avons intérêt à entretenir l'anarchie chinoise.

Aujourd'hui les Américains assez penauds d'avoir à gros frais déchaîné des forces dont ils ne sont plus maîtres et qui peuvent les submerger eux-mêmes demain, seraient fort heureux de voir la France intervenir et l'un d'eux, avec lequel j'avais sur le sujet qui nous occupe une longue conversation documentaire, me disait : « Je ne com« prends pas que la France tolère le développe« ment d'une menace sur sa frontière. A votre « place je ferais venir vos régiments d'Algérie, « vos Sénégalais et je m'emparerais de tout le « littoral sud de la province de Canton et de « l'île de Haïnan, nous protesterions pour la « forme, mais nous serions enchantés de votre « intervention. » A quoi je répondais, comme vous

pouvez le penser : « Grand merci, nous avons
« appris comment on nous lâche après nous avoir
« poussés ou soutenus, vous réparerez vous-même
« le désordre que vous avez causé et si vous faites
« appel à nous, vous nous reconnaîtrez d'avance
« les avantages que nous réclamons, devant rece-
« voir les premiers coups. » Il n'a rien répondu;
mais une grave préoccupation se peignait sur sa
physionomie.

Mon opinion personnelle, faite de la connaissance de nos forces ou plutôt de notre faiblesse,
de la connaissance de notre frontière longue de
près de 400 kilomètres dans une région sauvage
et difficilement accessible, de l'impossibilité de
prévoir les répercussions d'une action de notre part,
est que nous devons résolument nous abstenir d'en
entreprendre une quelconque; mais, sans délai,
nous retrancher, nous fortifier en hommes, en
canons, en munitions, en avions et vendre très cher
notre concours si d'autres y font appel.

Garder les meilleures relations possibles avec
des voisins actuellement odieux, éviter de nous
laisser entraîner par eux ou par nos alliés de jadis
dans l'engrenage; mais enlever à ces ennemis éventuels tout envie de nous attaquer en leur opposant
un front hérissé et dangereux; voilà, pour moi,
notre rôle indiscutable et mon devoir, comme celui
de tous les Français qui ont vu, et de jeter un
cri d'alarme assez fort pour être entendu.

Coûte que coûte nous devons protéger notre

Indo-Chine, empire merveilleux et sans prix, œuvre admirable bien qu'incomplète de colonisation, dont l'avenir est infini.

L'abandon de l'Indo-Chine serait le dernier des crimes, et cependant le gouvernement actuel ne fait rien, n'écoute pas les appels qu'on lui lance!

Le seul atout que nous possédions en ce qui concerne le danger chinois extérieur qui nous menace et c'est un atout précieux, c'est la haine et la crainte qu'inspirent aux Annamites leurs oppresseurs chinois de jadis; à nos côtés, contre eux, ils se lèveraient en masse, cela n'est pas douteux, mais encore faudrait-il leur fournir des armes et ne point les livrer tout nus à leur ennemis héréditaires stimulés par les bolcheviques et par les Allemands à qui nous faisons, par une dérision inouïe, confiance en Europe.

Golfe du Bengale, le 13 mars 1926.

TROISIÈME PARTIE

———————

Questions
Indo - Chinoises

Au seuil de l'exposé succinct des questions indo-chinoises politiques et économiques que j'entreprends de faire devant vous, il me semble indispensable de les situer dans leur cadre pour les rendre, à tous, intelligibles.

A cet effet, je requiers de mes lecteurs, un coup d'œil préalable sur la carte. Regardez l'immense péninsule indo-chinoise.

A côté du royaume de Siam indépendant et de la Malaisie anglaise qui la prolongent à l'ouest et au sud, fixez votre attention sur notre part, la plus variée et la plus belle. Voyez superposés sur 1.500 kilomètres du nord au sud, juxtaposés sur 600 kilomètres de l'est à l'ouest le Tonkin, l'Annam, la Cochinchine, le Laos, le Cambodge. Figurez-vous l'infinie différentiation de ce domaine.

Plaines, savanes, deltas, fleuves énormes auprès duquel notre Rhin n'est qu'un ruisseau, plages démesurées, lagunes, promontoires rocheux couverts de verdure, vallées sauvages, paysages de montagnes, forêts vierges, alternent sous des climats différents, sur un sol toujours généreux grâce à l'abondance des pluies, parmi des races variées : annamite, moï, laotienne, cambodgienne, chinoise.

Sans entrer dans une description pittoresque, je n'évoque ces aspects de notre colonie que pour clairement vous parler de ses ressources, de la façon dont la France en tire parti aujourd'hui, dont elle pourra mieux les mettre en valeur demain. Il est donc nécessaire que, de quelques traits, je spécifie pour vous chacune de nos provinces d'Extrême Orient.

Voici le Tonkin, une immense plaine plate et verte, agricole et surpeuplée, sillonnée de rivières et de canaux, sertie de montagnes riches en minéraux de toute sorte, sa belle capitale Hanoï, son port très vivant Haïphong, tout proche de la baie d'Along, cette merveille naturelle inégalée.

Voici l'Annam, long couloir étranglé entre la mer de Chine ourlée de dunes blanches et la chenille de la chaîne annamitique dont les bleus évoquent celui des Vosges. De loin en loin, celle-ci émet vers l'Océan, des contreforts qui viennent couper et compartimenter le couloir, tombent à pic dans les flots, créant une série de paysages grandioses et limitent des anses profondes où s'abritent les ports de Tourane, Quinhon, Nhathrang, Camranh. De hauts plateaux extrêmement fertiles couronnent la montagne; d'admirables forêts tapissent ses pentes.

Dans la plaine, un bijou étincelle de sa grâce naturelle et de ses souvenirs historiques : Hué, la capitale, ville d'art délicieuse.

Voici la Cochinchine, delta alluvionnaire d'une

prodigieuse fécondité sous un climat de serre chaude. Saïgon y prend la figure d'une capitale vivante et très riche à côté de l'extraordinaire et grouillante ville chinoise de Cholon.

Voici le Cambodge, savane herbeuse parsemée d'arbres, inondée l'été, sèche l'hiver, le Grand Lac extraordinairement poissonneux, son déversoir le Tonlésap, large de plus d'un kilomètre, sa côte occidentale sur le golfe du Siam, splendidement découpée au pied de la chaîne abrupte de l'Eléphant, ruisselante de la forêt vierge jusque dans les flots, sa capitale en plein développement Pnompenh et les ruines inouïes d'Angkor.

Enfin, un peu à l'écart entre l'Annam et le Siam, montant jusqu'à la Chine, le Laos s'allonge, dans une tortueuse vallée creusée par un fleuve gigantesque, le Mékong, entre deux chaînes de montagnes couvertes de forêts infinies. Une capitale encore isolée, presque mythique, Luang Prabang, s'y tapit, une population poétique, indolente et douce y rêve et y chante.

Vous comprenez sans peine que pour administrer et pour mettre en valeur ce pays multiforme de nombreuses questions politiques et économiques se posent que nul ne peut comprendre avant de l'avoir visité.

Ce sont ces questions que je désire vous faire toucher du doigt et examiner avec vous.

**
**

Après un séjour de quelques mois en Indo-Chine, ce serait de ma part montrer une outre-cuidante présomption que de vouloir juger la question indo-chinoise : mais je prétends vous en apporter, débroussaillés des détails, des éléments essentiels parfaitement inconnus de tous ceux qui n'ont point vécu dans le pays, en contact avec les populations et les difficultés de chaque jour.

Pour les initiés dont j'ai le privilège d'être, ayant touché à la fois les milieux officiels et populaires, il n'y a point une solution mais une politique qui s'impose. Cette politique consiste d'abord à maintenir notre prestige, ensuite à améliorer sans trêve les moyens de production et, par conséquence naturelle, le bien-être général du pays, enfin à ne favoriser la classe instruite indigène que dans la mesure où elle n'usera pas de son instruction pour exploiter le peuple sous le couvert de notre autorité et où elle témoignera à notre endroit d'un loyalisme indiscutable.

Maintenir notre prestige exige deux conditions : montrer notre autorité et ne pas douter de l'avenir de la France.

Montrer notre autorité c'est d'abord faire acte d'autorité, c'est-à-dire avoir son point de vue, son plan, une ligne de conduite définie et connue de tous, suivre cette ligne de conduite en usant du concours de tous, en récompensant ce concours et en brisant les résistances, c'est en même temps faire preuve dans la vie privée et publique d'une dignité et d'une intégrité parfaites.

Je n'hésite pas un instant à affirmer que nous possédons sur place, dans notre armée, dans notre administration, dans nos services publics, tous les éléments pour exercer le prestige à condition que le commandement se manifeste.

Notre corps de résidents, d'administrateurs est de premier ordre du haut en bas de l'échelle (exception faite de quelques tares qui existent en toutes choses humaines).

Pour ne citer que quelques noms : Montguillot, Robin, Pasquier, Cognac, Baudoin, les résidents généraux, nous avons là une phalange d'hommes intelligents, formés sur place, adaptés à l'esprit et à la langue des indigènes et ambitieux de la prospérité du pays confié à leurs soins. Nous pouvons leur ouvrir, sans arrière-pensée, un large crédit et ils sont aidés dans leur tâche par des sous-ordres presque toujours dignes d'eux quand on ne les livre pas à la tentation du trafic.

La seule tare que j'aie relevé dans l'administration est une tare française, le souci de l'avancement, la jalousie, un certain dénigrement, tous défauts nationaux, très mesquins, mais que vous retrouverez partout où il y a des Français.

Heureusement le souci de l'émulation corrige cette vilaine tendance. Donc nous avons en Indo-Chine un noyau précieux d'hommes, dignes d'assu-

mer l'administration du pays au mieux de nos intérêts à condition de recevoir une impulsion supérieure et c'est cette impulsion qui seule manque,
non point par infériorité du Gouverneur Général,
mais par le fait qu'il change, qu'il n'a pas le
temps de s'adapter et est susceptible de causer plus
de mal qu'il ne fait de bien.

Je dis cela sans aucune animosité contre M. le
Gouverneur Général Varenne, avec lequel j'entre-
tiens, en dépit d'une divergence absolue d'opinions
qu'il connaît, d'amicales relations, dont j'ai constaté et la bonne volonté et l'intelligence; mais qui,
arrivé avec des idées toutes faites, s'en dégage
difficilement et n'a de contact avec le pays qu'à
travers un rideau administratif et un rideau de
préjugés qu'il n'a pas percé.

Un Gouverneur Général, à moins d'avoir un
génie indépendant et prompt, devrait posséder
une longue expérience et pouvoir poursuivre
de longs desseins. Vous savez tous que cela
n'est pas le cas et notre prestige en souffre.
Sur ce point il serait vraiment très facile de le res-
taurer en mettant le chef en bonne place et en
l'y maintenant. La France n'a trop souvent rien
à envier à l'Indo-Chine en pareille matière
d'ailleurs!

Sauf l'impulsion supérieure nous possédons donc
les éléments du prestige et nous les ferions valoir,
si, dans les sphères élevées, n'existait pas un esprit
qui vient également de France : l'absence de foi
dans l'avenir de notre pays, entraînant une sorte

d'indifférence dans l'action, de doute sur l'utilité d'agir. La France est épuisée, elle est trop pauvre d'hommes, elle n'est pas capable de soutenir son effort extérieur, elle doit se replier et se recueillir; à quoi bon s'efforcer d'agir?

Voilà le raisonnement que j'ai entendu en haut lieu. Il stérilise d'avance toute action : il est criminel et j'ajoute qu'il est parfaitement absurde.

La France possède en Indo-Chine un inestimable joyau aussi beau que précieux, qui n'exige pas d'elle une exportation d'un peuple d'ouvriers, mais l'envoi de quelques missionnaires jeunes, actifs, entreprenants pour eux-mêmes ou pour les sociétés qu'ils représentent. Car il ne s'agit pas de peupler le pays, en maint endroit surpeuplé, mais de créer des industries susceptibles d'occuper cette main-d'œuvre surabondante et de mettre en valeur des richesses évidentes ou cachées.

L'Indo-Chine n'est pas une colonie pour paysans bien que ceux-ci sachent admirablement apprécier et utiliser la fertilité de son sol, mais une colonie pour hommes d'action, pour créateurs de grandes cultures, pour industriels, pour ingénieurs, espèce qui, chez nous précisément, est si souvent sans emploi ou végète misérablement.

Il est donc parfaitement indigne et imbécile de prétendre la France incapable de gérer son domaine faute d'hommes. La petite Hollande a fait de Java, fait de Sumatra, d'inestimables sources de richesse; nous devons faire de même de l'Indo-

Chine qui possède à un degré presqu'égal toutes les richesses et dont l'exploitation raisonnée et systématique nous assurera tous les produits (à part le pétrole) qui nous font défaut.

Lorsque hors de France, après avoir touché du doigt la concurrence universelle, après avoir vu le merveilleux, le clair, l'efficace essor français, on entend de pareils conseils de lassitude et d'abandon, tout l'être se révolte : mais ce sont les mêmes hommes qui compromettent au dedans l'avenir de la France qui conseillent son retrait au dehors.

Ce raisonnement odieux est si apte à diminuer le prestige de la France que, l'an dernier, des missionnaires américains ont osé venir, chez nous, comme en Chine, faire de la propagande auprès des indigènes en se posant comme nos remplaçants éventuels et en promettant leur appui à qui les aiderait. Ils ont été mis à la porte par un résident énergique... mais auraient-ils osé venir si des paroles impies n'avaient pas été prononcées de notre côté?

Maintenons donc notre prestige par la lucidité de nos plans, la continuité de notre action comme par la confiance en notre avenir. Voilà notre devoir essentiel et primordial sur lequel s'exercera la politique que nous faisons ici, en France, c'est pourquoi je vous ai en premier lieu exposé ce point de vue accessible à chacun de vous.

Ceci dit, il faut bien se rendre compte que dans un pays aussi peuplé, notre préoccupation doit être d'améliorer le sort de l'indigène, ne fût-ce que pour utiliser sa puissance de travail. A ce point de vue toutes les régions de l'Indo-Chine ne sont pas égales. Au Cambodge peu peuplé, mais suffisant par son riz et son poisson, aux besoins rudimentaires de ses habitants, nous ne pouvons pas appliquer la même politique que dans la riche et croissante Cochinchine qui appelle à elle l'immigration de toute part, qu'au Tonkin surpeuplé dont la population est nettement sous alimentée, qu'au Laos encore vierge où tout est à faire avec une population indolente.

Chacune des régions de cet immense empire nécessite une action économique différente, mais que chaque résident général saisit tout à fait bien, même quand il ne peut pas réaliser, faute de moyens d'action, ce qu'il conçoit.

Au Tonkin, quel est le problème? Occuper, faire gagner, nourrir la population. L'occuper? On peut le faire en toute chose. Il s'agit d'une population pauvre, douce, habituée à la peine, adroite, industrieuse, mais de son propre effort se livrant à la seule culture du riz et à la pêche. La première chose à faire est évidemment d'étendre le domaine de ses occupations naturelles, c'est-à-dire d'augmenter par des défrichements, des barrages, des irrigations, l'étendue de la rizière et d'offrir aux produits de la pêche des débouchés qui la stimulent.

On peut encore facilement augmenter l'étendue des rizières du Tonkin, le travail est en cours; on peut aussi, par des engrais, particulièrement le phosphate et la potasse, souvent doubler, peut-être tripler, le rendement des récoltes. Sur ce point, nous n'avons qu'à nous inspirer des merveilleux efforts que, ces dernières années, les Italiens ont accompli dans la plaine du Pô.

Voilà un premier, urgent moyen d'améliorer le sort des Annamites, de les mieux nourrir, de diminuer leur excessive mortalité due à une vie souvent misérable, d'empêcher ces disettes, presque ces famines, qui surgissent, les mauvaises années dans ces provinces où il y a plus de quatre cents habitants au kilomètre carré.

Cette population surabondante et mieux nourrie, avec les richesses extraites de son propre sol, nous pouvons l'y maintenir en l'enrichissant, et cela, par par deux procédés parallèles : l'exploitation minière et l'industrie qui se prêtent l'une à l'autre leur concours et dont une heureuse coïncidence réunit les éléments dans la même région.

Au nord du Tonkin, on rencontre la houille d'abord, en abondance, en surabondance, le fer, le cuivre et le zinc, tout ce qui est nécessaire à la métallurgie, un sable pur, excellent pour la verrerie, le kaolin et, à l'infini, la roche calcaire qui fournit un ciment de premier ordre, tout cela juxtaposé, contigu dans une région où abondent les larges rivières permettant le transport à très bon compte par une batellerie où somnole tout un peuple de marins fluviaux prêts à être utilisés.

Ce domaine industriel futur s'étend sur plus de cent cinquante kilomètres et il promet d'être (cela ne tient qu'à notre initiative) *le plus riche du monde*, précisément parce qu'il est contigu à une région où la main-d'œuvre abonde et où il importe au suprême degré de l'employer, dans l'intérêt de la race indigène.

Celle-ci peut alimenter sans peine toutes les industries, à condition de savoir l'utiliser, c'est-à-dire de ne lui demander que le genre d'effort qu'elle peut **fournir.**

L'indigène est petit, menu, sans grande force physique, mais résistant à la fatigue; il est intelligent, mais sans imagination; il est travailleur, mais il devient indolent quand ses besoins sont satisfaits. De mes yeux, pendant trois mois, au milieu des travailleurs, j'ai pu fixer ces caractères et leur seule énumération dicte la conduite de ceux qui doivent mettre en mouvement fructueusement de tels hommes.

Augmenter leur force par une bonne alimentation, car la faiblesse de leur complexion est nettement due à une nutrition insuffisante et se modifie rapidement avec l'amélioration de celle-ci. Proportionner leur effort à leur capacité physique, fixer nettement le travail qu'on leur demande, régler leurs gestes et les spécialiser aussi étroitement que possible, stimuler leurs besoins pour les inciter au travail : telle est l'œuvre à accomplir.

Si l'on observe ces règles avec intelligence et bonté, on peut tirer de la main-d'œuvre annamite un rendement excellent à la condition expresse de ne pas introduire à l'improviste des lois de protection sociale non adaptées à l'esprit de l'indigène.

Toutefois, l'Annamite est un enfant : puéril, distrait, insouciant, il a besoin d'une direction intéressée. Le mieux, pour la lui assurer, est d'observer la coutume du pays, de payer le travail à l'entreprise en s'adressant à une sorte de contre-maître recruteur qu'on appelle un caï et de convenir avec celui-ci du travail à produire dans un temps donné en pénalisant les retards par des amendes déterminées et en récompensant par des primes individuelles aux ouvriers sa bonne exécution.

Dans ces conditions, si on se préoccupe un peu d'assurer le bien-être physique de l'ouvrier en le protégeant de ses deux ennemis : la pluie et le froid, on obtiendra de lui un rendement au moins égal à celui de l'ouvrier européen.

Ce dernier ne doit assumer qu'un rôle de conseiller, de directeur, et comme il est facilement porté à abuser de ses facultés de compréhension plus vive et de sa force, il convient de le dresser à ne demander à l'Annamite qu'un effort en rapport avec ses facultés, et de lui interdire les sévices physiques.

Voilà le résultat de mes observations personnelles et de mes conversations en ce qui concerne le travail indigène.

Mon impression est qu'avec une main-d'œuvre indigène bien encadrée on peut tout obtenir, même les produits industriels les plus délicats et les plus finis; mais la direction supérieure doit toujours demeurer attentive, ferme et juste.

Pour réaliser une très grande œuvre, nous n'avons qu'à faire émigrer de notre sol des chefs d'industrie, des ingénieurs et des ouvriers spécialistes. Ce faisant, nous dégorgerons nos carrières libérales encombrées et nous ne dépeuplerons pas la France tout en l'enrichissant dans des proportions sans cesse croissantes.

L'œuvre locale, en Indo-Chine, pour la population indigène, ne sera pas moins féconde. L'appoint de salaires ouvriers nombreux est nécessaire à cette population pauvre et trop exclusivement agricole sur un sol trop étroit pour suffire à sa prolifération. En même temps par la création d'industries, nous ferons renaître l'aptitude et le goût du travail manuel en voie de s'éteindre chez un peuple dans lequel existe une tradition d'art toujours latente comme le prouvent les très beaux résultats obtenus à l'école des arts appliqués de Pnompenh et aujourd'hui à Hanoï.

L'effort industriel français en Indo-Chine, et particulièrement dans la région du delta tonkinois, ne peut donc avoir à tous les points de vue que les meilleurs effets et tout est réuni pour le favoriser.

Cet effort ne sera pas vain, car les débouchés sont tout ouverts, sur place dans une population de vingt millions d'habitants, aujourd'hui pauvres, mais très susceptible de s'enrichir peu à peu; dans l'Extrême-Orient, depuis Java jusqu'à Shanghaï, jusqu'à la limite de l'effort japonais plus handicapé actuellement que le nôtre par les tendances socialistes du peuple japonais.

Quelles sont maintenant nos richesses et comment devons-nous les exploiter?

J'ai brièvement énuméré tout à l'heure nos matières premières, permettez-moi de les examiner plus en détail. Cet inventaire de nos richesses est en somme le nombril de mon exposé.

En premier lieu, le charbon. Il surabonde réellement. Vous connaissez tous les charbonnages du Tonkin dont les titres sont si prospères. Ces charbonnages ne représentent qu'une très petite partie de la richesse minière : l'affleurement, sur la baie d'Along, d'un filon qui se prolonge à l'ouest sur cent cinquante kilomètres, au nord sur une centaine, et qui longe tout le massif montagneux du nord du Tonkin, particulièrement le massif du Dong-Trieu.

Les fameuses mines de Hongaï, particulièrement celle de Campha, en donnent une image saisissante. Figurez-vous, à pic sur la splendide baie de Faïtsilong, prolongement au nord de la baie d'Along, parsemée comme elle de rochers géants tapissés de verdure, découpés en aiguilles, en arches, en grottes, une colline de deux cent cinquante mètres de hauteur au pied de laquelle s'avancent des appontements, grouillent des embarcations et s'entassent ces hangars, ces usines, ces cités, malheureusement si rébarbatives, que crée l'industrie moderne. Voyez cette colline dénudée, éventrée, grattée, parcourue de routes en lacets, de câbles, de voies de chemin de fer grimpant à ses flancs jusqu'à mi-côté où s'ouvre une large, immense carrière à ciel ouvert, s'élevant en gradins sur chacun desquels fourmille une armée d'ouvriers et vous aurez une idée schématique, mais assez juste, de la grande mine de Campha où, sur près de cent mètres d'élévation, affleurent les couches du beau charbon de Honghaï.

Cet affleurement immense, à ciel ouvert, n'est qu'une terminaison de la vague carbonifère qui s'étend depuis Dong-Trieu et même plus à l'ouest dans les flancs du terrain primaire et se prolonge à l'est jusque dans l'île de Kebac où est en exploitation moins intense une autre mine moins riche.

Si, de Honghaï, nous suivons vers l'ouest la route de Hanoï par Dong-Trieu, Sept-Pagodes et Bakhninh, nous longeons sur près de cent kilomètres, jusqu'à la ville de Dong-Trieu, le pied de la chaîne primaire qui recèle le charbon et si le temps est un peu couvert, avec un éclairage à contre-jour, les stratifications de la montagne dénu-

dée se dessinent merveilleusement, permettant
d'apercevoir, camme dans un gâteau feuilleté, entre
les couches de schiste stérile, les couches de charbon superposées. On compte ainsi facilement quatre
et même cinq couches, s'étageant sur quatre cents
à six cents mètres de hauteur de l'est à l'ouest,
pour ainsi dire sans interruption. Ces couches visi-
bles sont exploitées en plusieurs points, soit par des
particuliers, soit par des compagnies dont la plus
importante est celle des Anthracites du Tonkin qui
possède des filons importants.

Mais le charbon n'existe pas seulement
en bordure de la plaine, dans le premier
pli de la montagne, il s'accumule encore
davantage dans le second pli situé au nord
du premier et c'est surtout ce second pli qu'exploite la compagnie des charbonnages de Dong-
Trieu, sur une longueur de trente-cinq kilomètres.
Là, les couches carbonifères se superposent et l'une
d'elles, composée d'anthracite à plus de 90 %
de carbone, va s'épaississant de l'est, où elle mesure
six à dix mètres d'épaisseur, jusqu'à l'ouest où son
épaisseur continue, sans mélange de stérile, dépasse
trente-cinq mètres de hauteur. C'est un spectacle
véritablement grandiose que de parcourir les galeries creusées dans ce carbone pur, véritable
diamant noir, aux blocs brillants et réguliers.

Toute cette région du Tonkin possède, au point
de vue de l'exploitation minière, un avantage
considérable : celui de n'être séparé de la rivière.

véritable bras de mer, que par une plaine de quatre à six kilomètres de large à travers laquelle des voies ferrées, en somme brèves, peuvent apporter directement à bord des bateaux, le combustible pour leurs chaufferies et pour l'alimentation des industries voisines existantes ou éventuelles : c'est là une disposition naturelle exceptionnelle dont on tirera le plus fructueux parti.

Tels sont, dans un raccourci schématique, les ressources carbonifères de la région nord-est du Tonkin, à peu près repérées aujourd'hui : mais ce ne sont pas les seules, le charbon existe encore en gisements importants à l'intérieur du pays et reparaît au sud du delta, au pied des derniers contreforts de la chaîne annamitique à l'ouest de la province de Nam Dinh et, plus au sud, à l'ouest de Quinhon, en Annam.

Nous possédons donc là des ressources susceptibles d'alimenter, sans limites, les industries à créer et, en même temps, de fournir à une très importante exportation vers la Chine, le Japon, les Philippines et les colonies hollandaises.

A côté du charbon nous rencontrons en abondance toutes les matières nécessaires à l'industrie.

Les minéraux d'abord : gisements de fer considérables constitués par une hématite riche de plus de 60 % de métal, située également en bordure du delta à peu de distance de voies d'eau utilisables, à Taynguyen; gisements de zinc très importants situés dans la haute région du Tonkin, ali-

mentant la grande fonderie de Quang Yen ; gisements de minerais cuprifères très riches également
et à peine exploités, sur la rivière Noire ; gisements
de minerais de plomb argentifère ; étain en Annam.

Tout en somme, sur un petit espace, sillonné de
voies navigables et pourvues de batellerie, est réuni
pour permettre la création d'une très puissante
industrie métallurgique capable d'alimenter la colonie et les pays environnants.

La menace militaire qui pèse sur nous
de la part de la Chine bolchevisée va
probablement, dans un avenir prochain, obli-
ger notre indolence à disparaître et nous con-
traindre à créer les premiers hauts fourneaux capa-
bles de nous alimenter sur place en canons et en
munitions. Ce premier effort déclanché, le développement des usines sera rapide, car les débouchés ne manquent guère.

Mais l'industrie métallurgique, armature de tout
pays moderne, n'est pas tout et le Tonkin possède
de quoi alimenter tous les autres genres d'industrie.

Le ciment, cet autre pain de l'industrie et de
la construction moderne, est aussi abondant que le
le charbon et d'une qualité supérieure comme la
sienne.

Depuis l'île de Kebao, en effet jusqu'à Sept
Pagodes, de l'est à l'ouest, s'étendent au pied du
massif primaire carbonifère et le long de lui les
débris d'un immense massif calcaire. Ces débris
qui, sous forme de cônes échelonnés de 60 à 100

mètres de haut, forment d'abord les innombrables rochers des baies de Faïtsilong et d'Along, plongeant dans la mer, puis en émergent plus à l'ouest sous des formes identiques, couvrant là un immense pays de rizières de leurs éminences élégantes et variées, tapissées de Phénix, de fougères, de lianes, de bromeliacées. Ces éminences séparées les unes des autres, parfois en chaînes peu étendues, très découpées, font à tout ce pays du nord d'Haïphong le plus merveilleux et pittoresque décor, se dressant entre les rizières et les bois de bambous et d'aréquiers. Mais ce pittoresque se crée avec une roche calcaire très tendre, très homogène, qui fournit la meilleure pierre à ciment qui existe et en même temps la plus aisée à exploiter. Une grande cimenterie s'est fondée à Haïphong à cet effet et son rayon d'action s'étend jusqu'à Shangaï sans concurrence possible; elle en abuse pour élever indûment ses prix. Une création analogue les ferait baisser pour le bien de tous et, en particulier, de nos travaux publics au Tonkin et en Annam. D'ailleurs ce reliquat de roches calcaires n'existe pas seulement au nord du Tonkin, il longe, en divers points, le pied de la chaîne annamitique, émerge parfois au milieu de celle-ci, reparaît le long de la côte de Cambodge et le long de la péninsule de Malacca dans les Etats malais, mais c'est au Tonkin qu'il est le plus abondant et le plus facile à exploiter.

A côté du ciment, le sable, un sable fin, de

silice pure, si blanc qu'il semble souvent de la
neige, est répandu tout au long de la côte du golfe
du Tonkin et de la côte d'Annam et ce sable
donne un verre merveilleux. Il est d'ailleurs si propice à la verrerie que deux grandes usines se sont
fondées à Haïphong et prospèrent toutes deux.

Le kaolin, un très beau kaolin blanc, forme au
pied de la chaîne du Dongtrieu, presqu'à fleur de
sol, un banc presque continu. De prime abord
il semble appeler la création d'usines de porcelaine; mais les Chinois lui trouvent quelques défauts qui leur fait préférer le kaolin national. Je
pense que leur jugement n'est pas sans appel et
qu'un examen sérieux de ces gisements si faciles
à exploiter devrait être fait par nos céramistes qui
trouveraient sur place et en Chine les plus habiles
tourneurs.

A côté de ces ressources minérales, les ressources
végétales sont également abondantes.

Toutes les industries du bois peuvent se développer au Tonkin soit aux dépens des forêts de
la haute région, soit surtout aux dépens des forêts
vierges de l'Annam.

Au lieu de laisser brûler sans méthode la forêt
par les Annamites dont elle est l'ennemie parce
qu'elle empêche l'extension de la rizière et recèle
la fièvre, il faut l'exploiter forestièrement et
industriellement.

Un plan d'exploitation forestière rationnelle est

d'ailleurs en voie d'exécution et il paraît parfaitement compris : l'industrie doit en profiter.

Vannerie et meubles en bambous et en rotins trouvent sur place des ouvriers adroits prêts à les multiplier.

Les bois d'ébénisterie et de menuiserie sont mal exploités; on ne recherche que les bois durs, le lim et le teck qui résistent aux insectes taraudeurs si fréquents dans le pays, et on sacrifie ainsi une série de bois précieux : tulipier, santal, bois de rose et beaucoup d'autres essences, dans lesquelles l'industrie du meuble de chez nous trouverait les plus précieuses ressources.

Beaucoup de bois, concurremment avec les bambous, pourraient donner de merveilleuses pâtes à papier, et grâce à ces ressources naturelles et aux excellents résultats que donnent les plantations de filaos, il serait tout indiqué d'étendre fortement en Annam l'industrie de la papeterie qui menace d'épuiser les forêts d'Europe et d'Amérique.

Ces bois sont déjà fructueusement utilisés à Tanhoa et à Benthuy pour la fabrication des allumettes.

Dans le Haut-Tonkin et le Laos, la récolte du sticklaque suscite une activité d'autant plus grande que la demande est supérieure à l'offre et que ce produit constitue une précieuse source de richesse.

Le jute et la soie, mais surtout en Annam et au Cambodge pourront alimenter d'importantes industries textiles, en attendant que le coton qui paraît devoir pousser surtout dans la vallée du Mekong puisse être assez abondant pour légitimer la création de filatures de coton dont il existe déjà plusieurs, en pleine prospérité, à Nam Dinh en particulier.

En Cochinchine, l'augmentation des plantations de cannes à sucre exigera la fondation de raffineries. La culture du tabac qui réussit parfaitement et donne d'excellents produits, est en train d'entraîner la création d'usines. Enfin, la distillation du riz a déterminé la création d'une société extrêmement prospère, celle des distilleries d'Indo-Chine, riche par le monopole de l'alcool de bouche, mais qui en fournissant l'alcool industriel peut devenir d'une utilité essentielle au développement d'autres industries et dès maintenant à la fabrication des explosifs.

On le voit, l'industrie en Indo-Chine et particulièrement au Tonkin est susceptible des plus grands et des plus ambitieux développements; sans nuire cependant aux petites industries indigènes du cuir, du bois, de la corne, des dentelles, des broderies, des constructions de bateaux.

Une collaboration des Français et des indigènes pourrait même porter à un haut degré de prospérité les pêcheries dont le produit, le poisson sec, est un élément essentiel de l'alimentation des Indo-Chinois et des peuples voisins.

Nous nous trouvons donc en Indo-Chine devant un immense champ, à peine exploré, presqu'entièrement en friche, susceptible d'offrir les débouchés les plus variés à l'activité française.

Cependant je ne viens d'examiner que les matières premières utilisables sur place pour alimenter des industries locales.

La culture peut donner des résultats aussi fructueux.

Avant tout il faut placer la culture du riz qui est vitale au sens propre du mot, c'est-à-dire indispensable pour l'alimentation de plus de vingt millions d'hommes. Cette culture doit être étendue et améliorée, pour mettre d'une part l'Indo-Chine à l'abri de la famine et pour lui fournir la plus précieuse, parce que la plus demandée des matières d'exportation pour l'Extrême-Orient.

Or à ce dernier point de vue nous sommes tout à fait privilégiés, car la marque Saïgon fait prime tous les marchés du monde.

Cette nécessité de l'extension de la culture du riz s'est d'ailleurs imposée à tous; les Chinois savent le bénéfice qu'ils peuvent en retirer; ils possèdent des rizières et la plupart des rizeries. Les nouveaux venus peuvent, dans cette culture, trouver rapidement l'intérêt de leur premier argent, puisqu'une rizière est récoltée 70 jours après l'ensemencement en Cochinchine et au Cambodge. Nos soldats d'origine paysanne qui s'installent dans le pays ont d'emblée conçu l'avantage d'une rémunération aussi rapide. Les grands capitalistes, enfin, savent qu'il n'y a pour ainsi dire aucun risque à entreprendre en grand cette culture en associant l'indigène à l'exploitation et aux bénéfices.

Offrir de nouveaux terrains à une irrigation rationnelle, améliorer le mode d'irrigation des anciennes cultures, propager l'usage des phosphates venus de l'Indo-Chine elle-même ou de nos colonies d'Afrique, sélectionner les semences, voilà l'œuvre des pouvoirs publics dans cette question et ils comprennent aujourd'hui leur devoir, en stimulant la plus ancienne et la plus nécessaire culture de la colonie. Le riz abondant, le riz à bon marché, c'est assurer la santé d'une immense population qui souffre d'une nutrition insuffisante et un meilleur rendement à son travail.

Mais cette question primordiale réglée, combien d'autres cultures peuvent être entreprises avec bénéfice. Pour la plupart, je dois me contenter d'une énumération.

Au Tonkin en dehors des terrains de rizière, la patate douce alimentairement si utile dans les terrains pauvres et dans les plus riches, le maïs, la canne à sucre, le manioc, le thé, le café, les arachides, sont susceptibles suivant les régions de donner de bons rendements; mais les produits de ces cultures sont consommés sur place et ne déterminent pas un courant commercial.

Il faut aller plus au sud, en Annam, en Cochinchine, au Cambodge, pour trouver les grandes exploitations agricoles.

Elles commencent au sud de Tourane sur des plateaux analogues au Tell Algérien, à une altitude de 800 à 1.200 mètres. Là est actuellement mise en valeur, une grande région, le Koutoum, présentant une épaisseur de terre végétale vierge de plusieurs mètres dont la richesse semble égale, aux belles terres de Java. Dans ce domaine grand comme deux de nos départements, toutes les cultures tropicales et, en particulier, le café et le thé réussissent parfaitement; malheureusement des vents violents secouent les arbres et empêchent des espoirs trop ambitieux et il faut importer la main-d'œuvre.

Plus au sud, à partir de Nhahtrang en Annam jusqu'au delà de Saïgon en Cochinchine et au Cambodge se trouve la région favorable à la culture de l'héveah, culture introduite et propagée par le docteur Yersin, directeur de l'Institut Pasteur et qui est en train de transformer le pays en l'enrichissant merveilleusement et en l'assainissant.

Ces plantations d'héveah, régulières et monotones, mais propres, aérées, immenses quiconque verdoyants au sol net, sont gagnées sur la forêt vierge, cette propagatrice de fièvre. En les étendant on assainit et on enrichit à la fois le pays. Notre effort en cette région n'est surpassé que par celui des Anglais en Malaisie, effort véritablement frénétique pour s'assurer le monopole du caoutchouc. Ayant parcouru les deux régions, je donne cependant la préférence, pour la régularité et la beauté, aux plantations françaises susceptibles, elles aussi, d'une très grande extension, car, sans compter le terrain encore libre en Cochinchine, nous possédons au Cambodge, près de Pnonm-Penh, à Kompong-Cham, une terre peut-être plus favorable encore que celle de Cochinchine à la croissance d'arbres merveilleux et très producteurs.

Riz, caoutchouc, cannes à sucre, tabac et maïs ne sont cependant pas les seuls produits utiles de ces provinces du sud. Sans parler des bananiers qui y poussent merveilleusement, des palmiers à sucre surtout utiles aux indigènes, les cocotiers et les palmiers à l'huile, sur le golfe du Siam, sur cette côte splendide et encore très peu exploitée, poussent à merveille et sont susceptibles d'un très fructueux rendement.

Le poivre noir de la région de Kampot et Réam, le cannelier dans la même région, sont également deux cultures faciles et rémunératrices.

Le camphrier pousse merveilleusement au Tonkin et en Annam et pourrait concurrencer facilement le camphre japonais.

Le kapok ou faux cotonnier pousse partout. J'oublie, à dessein, bien des choses dans cette rapide énumération destinée à vous donner une simple vue d'ensemble, que je pourrais résumer en quelques mots : riz partout, hévéahs en beaucoup d'endroits, palmiers sur les côtes, sont nos principales richesses agricoles susceptibles d'un riche rendement. Agriculture dans le sud, industrie au Tonkin, exploitations forestières et cultures spéciales en Annam, représentent le schéma d'après lequel nous devons orienter et diriger notre effort.

J'ai passé sous silence la soie et le coton, non pas parce qu'ils sont négligeables, mais parce que les méthodes de production et les lieux de culture ne sont pas encore déterminés, parce qu'en ce qui les concerne on en est encore à une période de tâtonnement de l'expérimentation.

Les cocons du Cambodge passent parmi les plus beaux du monde entier; mais la culture du mûrier ne se propage pas; on se heurte à l'indolence des indigènes et l'usine de Pnompenh est trop grande pour la matière première.

Le développement rapide du réseau routier du Cambodge en déterminant un déplacement considérable des populations et l'effort commercial des Chinois, en stimulant leurs désirs et leurs besoins, peuvent en quelques années amener à un travail aisé et rémunérateur ces hommes facilement satisfaits de riz et de poisson et qui regardent passer la vie en la contemplant accroupis sur les clayons à claire-voie de leurs cases bâties sur pilotis comme s'ils étaient toujours à une exposition coloniale.

Par contre si la soie du Cambodge ne répond pas aux espoirs qu'elle avait fait naître, celle du moyen Annam, à Quinhon, est tout à fait prospère et une grande usine ultra moderne, située à 20 kilomètres à l'ouest, en plein bled, est en train de doubler ses installations.

Quant au coton des essais en divers points ont été tentés, les plants sont admirables, la fibre d'une belle longueur et d'une satisfaisante blancheur se prêterait à toute industrie textile, mais les moments de récolte par rapport aux pluies ne sont pas favorables et, tout compte fait, il semble que ce ne soit qu'au Cambodge, dans la vallée du Mékong régulièrement inondée comme celle du Nil, que doive se développer tout à fait heureusement la culture du coton.

Enfin une dernière culture plus spéciale est actuellement tentée en Indo-Chine sur l'initiative et sous la direction du docteur Yersin, celle du quinquina dont Java a le monopole. D'après ce que m'a dit le docteur Yersin, cette culture, après plusieurs essais infructueux, en plusieurs points, car elle exige à la fois un sol riche en azote et une altitude assez considérable, semble devoir réussir très bien sur les hauts plateaux de Dalat à 1.200 mètres d'altitude. Sa réussite affranchirait la France d'une servitude étrangère, mais n'est susceptible d'abaisser le prix de la quinine que lorsque le franc aura repris quelque pouvoir d'achat.

Dans tous les domaines, un immense et très fructueux champ d'action nous est donc ouvert.

Après l'échappée que je vous ai donnée sur lui, en toute sincérité, sans invoquer d'autres documents que ceux recueillis par moi sur place, il convient que nous examinions ensemble plusieurs questions du plus haut intérêt concernant l'indigénat, la colonisation française et la défense de la colonie.

Quand on n'a pas l'esprit troublé par des concepts politiques, quand on n'est ni un dogmatique, ni le servant d'une chapelle, la question indigène apparaît, en somme, assez simple : améliorer le sort matériel de l'indigène, lui fournir un travail rémunérateur, c'est-à-dire agir pour son bien en le soustrayant à l'exploitation qu'il a toujours subie. Je suis convaincu, après avoir vu et réfléchi, qu'en agissant de cette façon nous remplissons au mieux notre devoir en favorisant nos intérêts.

Un immense peuple laborieux et pauvre, intelligent, doux, crédule et faible, un peu menteur, un peu chapardeur et très vaniteux, telle est la population indigène qui, du matin au soir, trime et peine, marche beaucoup, mange peu, pour le profit d'une classe instruite, arrogante, distante, sans valeur technique, ni administrative réelle, férue de la très pauvre, très rudimentaire culture qu'elle possède et en abusant pour occuper tous les postes et faire payer le moindre service à ses administrés.

Ce peuple est patient, gai, endurant, malgré sa misère. Du matin au soir le long des routes, sur les sentiers entre les rizières, des files continues d'hommes de femmes ployent sous de lourds fardeaux qui se font équilibre aux deux bouts du bambou porteur maintenu en équilibre sur l'épaule.

Les poids ainsi portés pendant des kilomètres, par les femmes, les enfants sont tout à fait effarants. Une femme porte 60 à 70 kilogs, des petites filles de dix à douze ans 30 à 40 kilogs, comme je l'ai constaté bien des fois en essayant de charger le bambou sur mon épaule, pendant les pauses au bord des routes. Les femmes pieds nus toujours, vêtues d'un large pantalon et d'une tunique ouverte de couleur kaki rapiécée ou déchirée rient et bavardent sans récriminer jamais contre ce métier de bête de somme, tandis que l'homme pêche, travaille ou garde les enfants, ou, entraîné dans ce mouvement perpétuel qui semble le sort du Tonkinois, traîne sur des kilomètres en courant, un gros Chinois ou un jeune Annamite élégant, dans une de ces voitures à deux roues que nous appelons pousse et les Anglais drickshaws, si bien que j'ai pu dire, sans exagérer, qu'au Tonkin il n'y a qu'un animal de trait : l'homme et un animal de bât : la femme.

L'un et l'autre cependant mangent peu, très peu. Ils s'accroupissent auprès d'un de ces petits restaurants échelonnés le long des routes, pauvres cahutes en bambou ouvertes à tous les vents dont les éventaires déconcertent par leur indigence : quelques régimes de bananes, quelques oranges, quelques bouts de cannes à sucre en font les frais et derrière cet étalage des soucoupes de riz, des galettes plates de farine de riz, des beignets, des bonbons rudimentaires à la cassonnade, des bro-

chettes de petits poissons secs, de petits bols de
sauce de poisson, le ngocman, constituent toute la
pitance offerte au client qui en use parcimonieu-
sement. J'ai joué le rôle de client, j'ai voulu goûter de tout, en dépit d'une légère répugnance,
comme un homme du peuple et je n'arrivais pas,
je vous le garantis, à me rassasier bien que tout
cela avec un tasse de thé et un verre d'eau-de-
vie de riz, le choum choum, ne soit point du tout
désagréable au goût.

L'homme nourri à l'annamite est comme le
cheval nourri à l'orge et qu'une bonne ration
d'avoine rend à l'instant plus vif et plus endurant.
Nous devons améliorer la nourriture des indigènes
avant de songer à leur attribuer des droits politiques dont ils n'ont cure. Voilà le devoir de
l'homme blanc.

On nous répète sans cesse dans les gazettes socialistes qui ont entrepris d'abrutir l'humanité et qui
parviennent non à faire connaître, mais à cacher
la vérité : Collaborons avec l'indigène, protégeons
l'indigène : cette collaboration, cette protection
sont depuis longtemps des faits accomplis ou en
voie d'accomplissement.

Notre administration là-bas n'est qu'un contrôle, l'administration directe est exercée par des
indigènes, depuis la police jusqu'à la récolte des
impôts et jusqu'à la justice.

Le chef de village, le maire, si vous voulez,
assisté d'un conseil des notables, conseil municipal,

règle toute la vie de ces innombrables agglomérations épandues sur tout le delta sous des rideaux de bambous et d'aréquiers.

Ces chefs de village sont généralement très humbles pour la seule raison que, responsables au regard du mandarin des impôts et de la police de la commune, ils étaient autrefois ruinés et rossés à coup de cadouille, par l'ordre de ce dernier, quand les impôts ne rentraient pas ou quand un désordre troublait le pays; aussi imposait-on au plus pauvre et au plus bête la charge de représenter le village et d'encaisser les coups.

Depuis que, par notre volonté, la cadouille a été abolie, le niveau des maires, des chefs de village, se relève pour le plus grand bien de tous.

Le mandarin recruté selon les anciens usages, mais auxquels nous tendons à demander des connaissances plus pratiques que la seule littérature et l'histoire, exerce une fonction plus complexe que celle de nos préfets car elle comporte outre le pouvoir administratif, des fonctions judiciaires et financières. Il est donc très puissant et très porté, par lui-même ou par ses employés, à abuser de sa puissance, selon d'antiques traditions; l'usage du pot-de-vin existe à tous les degrés et fleurirait bien davantage si nous n'exercions pas, pour la protection des humbles et des justiciables, un contrôle modérateur.

Nos administrateurs, nos résidents se superposent à cette administration autonome et en atténuent les injustices et les abus, voilà la vérité. Ils surveillent la répartition de l'impôt, administrent et jugent au second degré, sans vénalité, ce qui assure à leur justice une popularité de bon aloi parmi les masses.

Ils ont pour les seconder, veiller à l'exécution des ordres et assurer la police, des subordonnés, répartis dans tous les centres de quelque importance où ils exercent le commandement d'une milice indigène, sorte de gendarmerie vivant en bonne harmonie avec la population, très heureuse de se sentir par eux protégée contre le banditisme qui a sévi jusqu'à une époque très proche de la nôtre.

Ces chefs de milice, les gardes principaux, habitent, au voisinage des agglomérations, des petits postes placés sur des éminences, fortifiés de palissades, à l'intérieur desquels logent autour d'eux les miliciens indigènes, en uniforme annamite, coiffés du petit casque conique kaki, à bouton de cuivre.

Une parfaite subordination et la plus grande harmonie règnent généralement dans ces postes, au voisinage desquels loge souvent le forestier français avec ses agents annamites.

Telle est, schématiquement, l'organisation du pays où véritablement on n'a nulle part l'impression d'une oppression, d'une colonisation à la trique. L'appareil de la force et de la contrainte ne s'affiche d'aucune façon et, par là, notre colonie diffère essentiellement des colonies anglaises où, dans le moindre village, la première maison orgueilleuse et menaçante est celle de la police, hérissée de mitrailleuses.

Cependant, les Annamites se plaignent, dit-on, revendiquent leurs droits. Quels Annamites? Ceux que je ne vous ai pas encore présentés, les lettrés ou soi-disant tels.

Lorsqu'on flâne sur une route du Tonkin, on est, du matin au soir, au milieu d'une véritable fourmilière humaine. A droite et à gauche, sur les sentiers adjacents à la chaussée circule sans trève une foule de couleur neutre brune ou grise, chargée de fardeaux pour les marchés, pour les villages, composée surtout de femmes, la tête couverte d'une large galette épaisse et plate faite de feuilles sèches de latanier qui leur sert de parasol et de parapluie.

Les jours de pluie ces errants arborent un manteau sans manches fait également de feuilles de latanier qui leur constitue un véritable et pauvre plumage et augmente leur aspect misérable.

Sur la chaussée entre ces deux files humbles, déambulent, fièrement et dédaigneusement les lettrés, jeunes hommes arrogants, distants, dans une longue tunique noire de soie brochée à revers de satin bleu, ou dans une tunique de soie blanche lorsqu'ils sont en deuil. Ces jeunes hommes sont chaussés de sandales de soie, coiffés d'un turban de soie noire à spires rapprochées et munis d'une ombrelle beige doublée de vert ou d'un parapluie noir qu'ils portent orgueilleusement comme l'insigne de leur dignité.

A côté d'eux passe, de temps en temps, un vieux mandarin, à tête fine et émaciée, dans sa robe de soie, le chef recouvert de sa calotte octogonale à bouton de cristal, muni, le plus souvent, d'une longue barbiche flottante, grisonnante ou blanche, d'une paire de lunettes, protégé du même parasol, toujours traîné dans un pousse, par un indigène le torse **nu.**

Ce mandarin ne regarde pas le peuple, il s'en va comme absorbé dans un rêve, le plus souvent opiacé.

Telle se présente cette classe lettrée et supérieure du Tonkin et de l'Annam qui réclame le pouvoir, l'accession dans notre administration supérieure, l'égalité avec les fonctionnaires français.

J'ai pu constater directement que cette classe vaut moralement et intellectuellement, par les employés indigènes des bureaux et les interprètes de l'entreprise où j'ai séjourné et voici ce que j'ai noté.

D'abord, et avant tout, une vanité hypertrophique qui amenait ces jeunes hommes à se soustraire à l'autorité, à se rebiffer contre les observations les plus simples, à refuser de se soumettre au contrôle de leurs heures de travail, à refuser surtout d'entrer sur les chantiers par la même porte que les ouvriers.

Cette vanité n'est nullement justifiée, car leurs facultés de compréhension sont limitées bien qu'ils affectent d'avoir toujours compris. La négation étant une forme de l'impolitesse ils répondent toujours oui quand on les interroge et si on creuse la question on constate que leur esprit demeure dans une zone nuageuse dont ils se satisfont.

Cependant leur cupidité est extrême; ils ne sont jamais satisfaits de leur sort et se croient méconnus, quand, munis de simple certificat d'études, qu'ils considèrent comme un parchemin de valeur, il ne se voient pas conférer de gros appointements.

Aussi compensent-ils facilement par d'adroits prélèvements clandestins, l'insuffisance de leur salaire de sorte qu'on ne peut pas leur confier longtemps et jamais sans contrôle le maniement des fonds.

Adroits imitateurs, adaptés à des besognes même délicates comme le télégraphe par exemple, ils deviennent, dans le service des postes, les plus dangereux des comptables.

Tel est le premier échelon de la classe instruite. Que dire de ceux qui ont reçu une instruction supérieure surtout en France! Leur orgueil atteint au délire et se manifeste par des élucubrations vraiment désopilantes dans le journal qu'ils publient en français à Hanoï. Les articles de tête de ce journal m'ont procuré de bons fou-rires par l'incroyable confusion ou prétentieusement les rédacteurs étalent, à propos des plus simples objets, leurs connaissances philosophiques, scientifiques ou sociales. Quel pathos! A l'œuvre on peut juger l'ouvrier et cet ouvrier est imbu d'un vague communisme internationalisme, puisé rue Cujas.

Combien supérieurs par leur connaissance pratique de la vie et le scepticisme que cette connaissance entraîne, les vieux mandarins qui n'ont pas goûté des fruits occidentaux! Leur vénalité traditionnelle est, elle-même, plus mesurée et infiniment moins dangereuse.

A part quelques exceptions remarquables et qui échappent à la loi commune, tels sont les jeunes annamites que, par une aberration inouïe, un gouvernement socialiste favorise au nom de la démocratie!

Encore s'ils étaient favorables à l'influence française, nous pourrions, dans une certaine mesure, passer condamnation sur la politique qui tend à les promouvoir, mais outre qu'ils nous sont ouvertement hostiles, en livrant le pauvre peuple annamite à leur violence et à leur rapacité, en lui enlevant le soutien réel qu'il trouve en nous, nous le retournerons contre nous, tandis qu'il est manifestement insensible, aujourd'hui, aux excitations de ces quarts de savants orgueilleux. J'en ai eu manifestement deux preuves directes au cours de mon voyage en Annam.

A Vinh, on est en train de construire une route très importante qui relie le Tonkin au Laos. Cette construction exige une armée d'ouvriers dont les salaires sont élevés. Un groupe de jeunes annamites venait d'exercer, au moment de mon passage, les pressions les plus énergiques sur ces ouvriers pour les déterminer à la grève. Bien que, sur des ordres d'Hanoï, on eût laissé toute liberté aux agitateurs, les ouvriers, non seulement ne les avaient pas écoutés, mais les avaient chassés.

En quittant Vinh, dans l'auto postale, au milieu de la nuit, à quatre heures du matin, après avoir traversé l'énorme bac de Benthuy, notre auto fut arrêtée à peu de distance du village, dans la campagne par des signaux lumineux.

En pleine route y montèrent devant moi deux annamites, l'un d'âge moyen, l'autre plus petit et très vieux.

Au petit jour, je reconnus, à ma grande surprise, dans celui qui était le plus voisin de moi, l'agitateur annamite Phan boï chau, condamné à mort, récemment grâcié et soi-disant contraint à la résidence à Hué. Cette rencontre inattendue excita au plus haut point ma curiosité et j'observai soigneusement le personnage.

Le front élevé, la figure fine, plus chinoise qu'annamite, mobile, inquiète, les yeux convergents le regard en dedans, Phan boï chau était vêtu avec une apparente modestie et beaucoup de recherche réelle, d'une tunique de soie puce à fleurettes noires et coiffé d'un chapeau de feutre gris à la chinoise.

Instable, il s'agitait sans cesse, passait le bras sur

la balustrade en le laissant pendre devant moi, remuait la tête, s'essuyait le front bien qu'il fît très frais, offrait toutes les apparences de l'intellectuel tourmenté. Ses mains petites, fines, trop souples, portaient les stigmates de l'ambition de la persévérance et de la duplicité.

Je ne tardai pas à être fixé sur le but de sa promenade à 350 kilomètres de sa résidence. Au premier arrêt postal, au jour naissant, la voiture fut entourée d'une dizaine de jeunes annamites qui firent une ovation discrète à l'agitateur. Celui-ci descendit de voiture, se confondit en feintes humilités devant ces jeunes gens, puis, entraînant leur groupe sur la place, leur parla d'un air patelin; mais ses paroles, visiblement, enflammaient leurs regards et il fut reconduit à la voiture comme un maître révéré qui vient de verser la révolte!

La même scène se reproduisit à chaque arrêt, plus importante à mesure que le jour grandissait. Je priai mon voisin, un forestier qui comprenait l'annamite, d'écouter ce que disait le personnage : « Il ne dit pas du bien de nous, c'est tout ce que j'ai entendu », me rapporta-t-il.

Ces rencontres concertées, cette tournée de propagande, étaient certes, à elles seules, très significatives, mais ce qui ne l'était pas moins, c'était, devant cette propagande provocante et humiliante pour nous Français, l'attitude du peuple annamite. Il regardait avec curiosité, mais demeurait à l'écart du groupe des lettrés, nettement indifférent et parfois railleur, séparé nettement, ouvertement, de la caste qui aspire à le conduire à l'insurrection.

A Donghoï, vers midi, la réception fut presque triomphale et mon indignation devant une telle tolérance à l'égard d'un instigateur d'assassins, condamné à mort, fut telle que je prévins sans délai le Gouverneur Général des scènes auxquelles j'avais assisté. Il me fit assurer, quelques jours après, qu'à la suite de mon avertissement, il avait mis bon ordre aux fugues de ce bandit que la politique nous fait entretenir dans notre sein... mais qu'a-t-on fait?

Telles sont mes impressions vécues sur le divorce qui existe entre le peuple et la classe lettrée annamite, circonstance heureuse dont tout bon politique saurait tirer profit en notre faveur, en exigeant, tout au moins, de tous un loyalisme absolu à notre égard et en satisfaisant, par des concessions habiles et de pure forme, les vanités surexcitées.

Malheureusement, il est dit que le socialisme travaille instinctivement contre les intérêts du pays et que nos pitoyables chefs atteints de cécité l'encouragent! Espérons que là-bas comme ici un redressement de l'esprit français s'opérera qui permettra le réveil de notre réflexe de défense et le développement de notre colonisation.

Celle-ci subit en ce moment une double crise, crise de croissance par le développement rapide de la culture de l'hévéah, crise d'indigence par l'obstacle qu'apporte à une émigration française la dépréciation de notre franc.

La crise de croissance ne concerne guère que la Cochinchine où elle se manifeste par une vie intense, une opulence évidente, un renchérissement des prix et un appel constant de main-d'œuvre qui entraîne au sud les populations du nord et détermine chez le travailleur des exigences croissantes. Cela est normal et, en temps ordinaire, n'aurait pas d'inconvénient si cette crise de richesse n'exagérait pas démesurément la crise d'indigence qui atteint directement tout nouvel arrivant français muni de ses pauvres francs et n'empêchait, par là même, le développement de la colonie.

C'est une sensation singulière pour un Français de France d'arriver à Saïgon, d'aller au café, prendre la plus banale des consommations et de la payer 50 à 60 sous, c'est-à-dire avec le change sur la piastre, 8 à 9 francs; les consommations d'une piastre, c'est-à-dire de 16 francs ou même d'une piastre et demie, c'est-à-dire 24 francs, ne sont pas exceptionnelles.

J'ai pris cet exemple banal parce qu'il est le premier qui vous frappe à l'arrivée, car on a chaud et soif et il permet de mesurer la dépense journalière qui attend le voyageur et qui n'est guère inférieure à Saïgon à deux cents francs par jour.

Tout est à l'avenant : une maison confortable, mais sans le luxe d'un hôtel parisien, s'achète couramment cent mille piastres, c'est-à-dire un million six cent mille francs, ce que nous paierions à Paris, une grande maison de rapport.

Dans de telles conditions comment tabler sur l'arrivée de nouveaux colons français, à la recherche de la fortune?

Il est cependant urgent d'attirer la colonisation, surtout la colonisation française, car il faut profiter de la chance que nous avons de posséder une terre exceptionnellement favorable à la culture de l'hévéah au moment où l'Angleterre, par un effort véritablement formidable dont j'ai été témoin en Malaisie, s'efforce de mettre les bouchées doubles pour accaparer le marché du caoutchouc. Comment donc s'y prendre pour coloniser vite, malgré ces conditions déplorables? Favoriser la petite et la grande culture et voici le procédé qui m'apparaît.

Pour la petite ou moyenne culture, s'adresser aux Français qui la connaissent par expérience et possèdent la langue indigène, élément précieux de réussite, recruter les colons parmi les fonctionnaires ayant dix ans de service, des plus infimes aux plus gros : forestiers, agents des douanes, agents des postes et télégraphes, gardes principaux, administrateurs, leur donner une concession gratuite, les exempter d'impôts pendant quelques années, leur ouvrir des crédits suffisants en subventionnant de grandes caisses mutuelles agricoles et en organisant le warantage des produits.

Pour la grande culture, s'adresser aux banques, favoriser par des privilèges proportionnés à leurs efforts, la formation de grandes sociétés, qui rendront, en quelques années, au centuple, les avantages qu'on leur aura consentis.

Enfin, attirer sur notre sol, dans une proportion déterminée, le capital étranger de plusieurs nations en consentant des concessions très étendues de soixante-quinze ans, sorte d'amphythéose à charge pour les propriétaires de mettre en valeur le sol par étapes de cinq, six, dix, quinze et vingt ans. C'est le procédé qu'ont employé à Sumatra les Hollandais; il fait défricher avec une rapidité extrême cette île sauvage, il n'engage pas définitivement l'avenir, puisque la rétrocession du sol planté aura lieu dans une période déterminée et les Hollandais estiment qu'il a cet autre avantage d'internationaliser un territoire momentanément, ce qui intéresse toutes les nations à le défendre et décourage les convoitises d'une seule : économie de défense nationale.

Ces divers procédés ont tous leurs avantages, mais la mise en œuvre de l'un ou de l'autre nécessite de larges exemptions fiscales, au début et la quasi gratuité de la concession. Or l'emprise des préjugés politiques est si forte sur les maîtres actuels de l'Indochine qu'ils pensent à taxer les entreprises nouvelles et à exiger dix piastres (cent soixante francs) pour tout hectare de concession, idée véritablement folle, car la mise en valeur des hectares concédés nécessite de la part des cessionnaires une mise de fonds considérable et empêche par conséquent tous les petits capitalistes de rien entreprendre : nouvelle face du dogme soi-disant démocratique, taxer les pauvres sur leur richesse à venir !

Comme il serait, à tous points de vue intéressant, cependant, de faire des fonctionnaires des colons ! On les inciterait à connaître le pays, à s'instruire, à se mêler à la masse annamite, on éviterait de leur payer des retraites onéreuses en leur accordant une retraite proportionnelle minime, on les empêcherait de s'aigrir dans des situations secondaires où la tentation du trafic vient les hanter, on infuserait sans cesse un sang jeune et nouveau à la colonie qui la ferait connaître de plus de Français et on constituerait enfin un groupe de colons acclimatés et avertis, sans bourse délier. Que rapporteraient plus tard ces colons au Trésor de l'Indo-Chine !!

Pour rendre efficace ou même possible en beaucoup d'endroits cette colonisation, il importe d'une façon évidente de faciliter la circulation, d'ouvrir des routes, des chemins de fer, des ports, de créer des champs d'atterrissage pour avions, des ponts sur les rivières pour diminuer le nombre de ces bacs pittoresques et gênants qui coupent le chemin plusieurs fois par jour, de rendre enfin navigables les parties torrentueuses des grands fleuves.

Il faut terminer le chemin de fer de Saïgon à Hanoï et songer à relier plus tard par voie ferrée le Laos, la vallée du Mékong, au port de Tourane par Hué; rejoindre le plus tôt possible Saïgon au réseau siamois.

On discute encore sur l'importance relative des chemins de fer et des routes; les uns et les autres se prêtent un mutuel appui. La route finit par coûter très cher, car elle s'effondre sous le poids des gros camions (eux-mêmes onéreux dans ce pays sans pétrole) et nécessite des travaux constants de réfection d'autant plus lourds que les entrepreneurs, trop souvent, n'apportent pas toute la conscience désirable à effectuer d'impeccables travaux.

Le chemin de fer donc, trouvant sur place son combustible à bon compte, bois ou charbon, est nécessaire pour doubler et pour alimenter la route qu'il décharge des poids lourds. En Indo-Chine, nous construisons des routes, au Siam on pousse activement le développement du réseau ferré et tandis que nous sentons l'inconvénient de manquer de rails, les Siamois sont contraints d'envisager un programme de routes. La comparaison des deux pays tranche la question.

Les ports ne sont pas moins indispensables. Les nôtres sont médiocres. Ce sont des ports fluviaux commme Saïgon et Haïphong, soumis aux variations et aux ensablements des chenaux, nécessitant un service de pilotage très onéreux, des dragages et des balisages plus onéreux encore et offrant, en outre, le gros inconvénient de demeurer dans leur rivière à l'écart des grands courants commerciaux. Saïgon est difficile à remplacer; mais le port d'Haïphong créé par circonstance fortuite, sans réflexion, pourrait être transporté en mer libre, à quelques kilomètres au delà, en face de Quang Yen et relié à la ville actuelle et au chemin de fer de Hanoï par une courte voie ferrée.

Seul Tourane avec son admirable baie, parfaitement abritée, aussi belle que celle de Brest ou de Bizerte est un port naturel, sur la voie des grandes lignes de navigation, mais sans quais, sans outillage, qui appelle l'organisation et promet de devenir un centre admirable.

Accessoirement Quinhon plus au sud, au débouché de la riche région séricicole voisine et du Kontoum actuellement en plein développement, se prête, avec une baie propice et profonde, à devenir un port moins important mais utile et achalandé et Camranh appelle une organisation militaire, tandis que, sur le Golfe du Siam, au Cambodge, Réam est géographiquement et hydrographiquement parfaitement disposé pour remplir un rôle important dans le trafic avec le Siam.

La colonisation a donc pour corrolaire un très gros programme de travaux publics chaque jour plus urgents, dictés par la nature, et trouvant dans celle-ci qui offre la pierre, le ciment et le bois, les principaux éléments d'exécution. Le commencement de ce programme de travaux déterminerait certainement le développement local de la métallurgie qui donnerait le fer sur place.

Ces travaux sont très chers. La colonie, avec son budget défaillant, ne peut pas les entreprendre en usant de ses seules ressources ordinaires. Elle n'arrivera à les exécuter qu'au moyen d'un emprunt ou en les confiant à un consortium.

Le consortium existe formé par toutes les grandes banques parisiennes représentées par M. Homberg. Il a offert d'exécuter simultanément tous les travaux sans rien demander immédiatement à la colonie. Mais son plan, de prime abord très avantageux, si réellement tout était mis en œuvre sans retard, comporte outre l'octroi des concessions énormes tout le long des voies nouvelles, un jeu de remboursements tardifs qui équivaudraient à plus que doubler le coût des travaux éxécutés.

Dans son incertitude du lendemain, notre Gouverneur Général Varenne était cependant disposé à accepter un programme qui le déchargeait d'une initiative personnelle et d'un souci immédiat en grévant l'avenir auquel il ne croit pas, mais son avis jusqu'ici n'a pas prévalu dans le conseil de l'Indo-Chine et la question est encore à l'étude. Ils serait infiniment souhaitable qu'elle n'y demeurât pas trop longtemps pour ne pas retarder l'essor de la colonie.

Voilà, Messieurs, mes idées bien arrêtées sur la colonisation et la mise en valeur de notre Empire d'Extrême-Orient; je suis sûr qu'elles sont justes m'en étant entretenu avec toutes sortes de gens, car je suis le voyageur modeste qui glane en tous lieux et contemple sans préjugés. Mais s'il est beau, bon, réconfortant d'envisager l'avenir de ce pays merveilleux, dont les seuls revenus me

disait mon vieux condisciple et ami du lycée Hoche,
Thalamas, le Directeur général de l'Enseignement
à Hanoï, ce farouche radical par hasard très travailleur et très réaliste, seraient susceptibles, dans
dix ans, d'acquitter toutes les dettes intéralliées,
il faut aussi songer à ne pas perdre et à défendre
au besoin notre domaine.

C'est cette dernière et capitale question qui fera
l'objet du dernier paragraphe de ma conférence.

Notre Gouverneur actuel, vous le savez, défai-
tiste par nature et par éducation politique, ne
cesse d'envisager la perte de l'Indo-Chine, non
d'un cœur tranquille, mais au contraire d'un cœur
bourrelé, tourmenté, comme il me l'a dit en des
conversations particulières où j'essayais de lui infu-
ser mon ardeur et ma foi. C'est précisément pour
empêcher le danger qu'il prévoit qu'il suit la politique de Gribouille, la politique absurde de concessions et conciliations à outrance dont je vous ai
montré l'extrême danger négligeant le peuple
docile et favorable et s'appuyant sur cet élément
lettré prétentieux qui est notre pire ennemi qui
ne communie pas avec le peuple et ne communiera
avec le peuple, que si nous lui livrons celui-ci pour
l'exploiter.

Ce danger interne ne dépend donc que de notre
faiblesse. C'est nous qui le créons de toutes pièces.
Une politique de fermeté, de prestige et en même
temps, parallélement, de souci étroit du bien-être
populaire conjurera le danger. Supplions les socia-

listes de soulager et d'aimer le peuple en écartant ses exploiteurs et nous regagnerons d'emblée la confiance et le terrain perdu.

Reste le danger externe : la Chine bolchevisée et les convoitises de nos excellents amis américains.

La Chine bolchevisée n'est un danger qu'en raison de l'insuffisance de notre armement, car contre la Chine qui a jadis opprimé effroyablement le Tonkin et l'Annam, nous trouvons, dans l'élément indigène indo-chinois, non un péril nouveau, mais une sauvegarde. Une invasion chinoise rangerait sous nos drapeaux la plupart des annamites, mais à deux conditions : que nous sachions les encadrer et les armer. Or, malheureusement, notre frontière à peine munie de troupes, est démunie d'armes et de munitions. Je l'ai suivie ornée de fils de fer barbelés, hélas! et j'ai parlé avec ces officiers admirables, ces héros simples, attentifs et cultivés, avertis et intelligents qui vainement chaque jour, dans leurs rapports, réclament le matériel nécessaire, dénoncent de danger et ne récoltent que des fins de non recevoir. Il est urgent, il est nécessaire de jeter le cri d'alarme que j'ai recueilli d'eux tous et qui dégage à tout jamais leur responsabilité.

Il faut envoyer au Tonkin les armes nécessaires et mettre le Tonkin, par une subvention aux entretrises métallurgiques, en état de les produire lui-même.

Heureusement l'immense anarchie chinoise, les

rivalités des généraux à la tête de grandes compagnies, nous protègent d'un danger immédiat mais il faut profiter du délai, car, déjà, il y a en face de nous (j'ai été au milieu d'elles) des troupes bien armées et fournies de munitions par les commis voyageurs allemands colporteurs poétiques de parfums et de couleurs.

A côté de la Chine bolchevisée, il y a les Etats-Unis, en l'air aux Philippines où une agression japonaise les menace, jetés hors de la province de Canton par les bolchevicks après y avoir répandu l'or et la propagande religieuse, y avoir semé des hôpitaux et des écoles et à l'affût de cette Indo-Chine, pays formidablement riche, que leurs capitaux auraient transformé en un tournemain et d'un point d'appui continental éventuel qu'ils y trouveraient pour pénétrer la Chine. Je vous ai dit comment les Etats-Unis avaient déjà envoyé chez nous des missionnaires propagandistes pour infiltrer un sol que beaucoup d'entre eux prospectent.

Voilà l'autre danger : il faut l'envisager d'un œil actuellement tranquille, car la moindre menace de notre côté déclancherait sur l'Amérique une foudroyante attaque japonaise, toute prête à Formose, à trente-six heures de Manille, et contre laquelle les Etats-Unis seraient parfaitement incapables de se défendre. Cette guerre nous serait profitable et relèverait notre franc, c'est très probable.

Mais nous devons nous élever au-dessus des

rancunes si légitimes qu'elles soient de notre part et considérer, non le présent véritablement hideux et répugnant, mais l'avenir. Si avantageux que puisse nous paraître, pour nos intérêts immédiats, la guerre du Pacifique, plus intelligents que les Anglais et les Américains, privés pour notre compte de toute ambition territoriale, nous devons la conjurer par tous les moyens en notre pouvoir afin de ne point laisser s'établir la prédominance des jaunes. Nous devons à la fois, libérer, rétablir et ouvrir équitablement la Chine en devenant les arbitres d'une situation que nous n'avons pas contribué à créer et que, seuls, nous pouvons solutionner en toute justice. Nous devons sauver la mise des Américains engagés dans une entreprise impossible en les amenant à reconnaître la situation de fait des Japonais, invincibles dans le nord de la Chine et constituant un rempart solide contre le bolchevisme; nous devons, remplaçant les Anglais dans l'alliance japonaise dont la rupture a profondément ulcéré contre eux le grand peuple du Soleil levant, rétablir avec le concours du Japon l'ordre en Chine, dans la mesure nécessaire à nos transactions, nous devons rouvrir au commerce du monde, sur un pied d'égalité et sous notre égide, le marché chinois en assurant son intégrité territoriale protégée au nord par le Japon, au sud par nous.

En nous gardant nous-même, nous aurons ainsi évité une grande guerre, assuré à chacun sa part légitime, empêché la prédominance de la race jaune sur la blanche et, ainsi, mis notre bien à l'abri de toute atteinte.

Un tel service, celui de l'honnête courtier, ai-je besoin de le dire, nous libérerait à jamais de toute dette à l'égard de n'importe qui, puisque l'Angleterre seule, dans la situation actuelle, perd au moins cent millions de livres sterling par an, grâce au boycottage chinois.

Notre entremise vaudrait bien un fromage sans doute!

Voilà, Messieurs, et, cette fois-ci, sous ma seule responsabilité personnelle, comment j'envisage le danger extérieur pour l'Indo-Chine et le moyen de nous en délivrer, en l'utilisant, sans lâcher la proie pour Londres, c'est-à-dire sans recourir à la Société des Nations, parfaitement impuissante là-bas, tout en assurant la Paix!

Mer Rouge, 25 mars 1926.

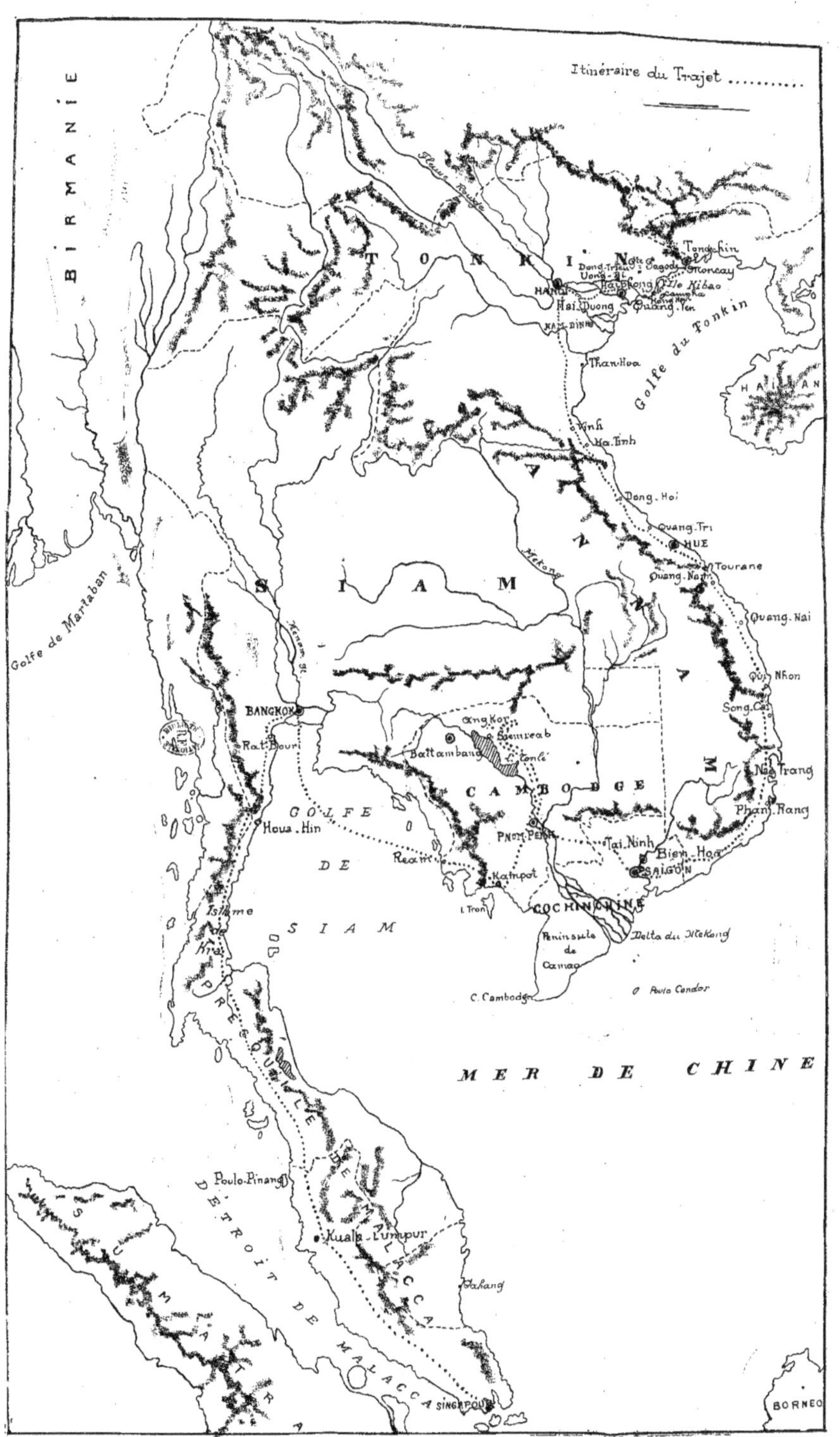

Itinéraire du Trajet ....
BIRMANIE
TONKIN
Tong-Chin
Dong-Trieu
Uong-Bi
HANOI
Mong-Cay
Pagod
Hai-Phong
Ile-Kébao
Campha
Hong-Kay
Hai-Duong
Quang-Yen
NAM-DINH
Golfe du Tonkin
Than-Hoa
HAINAN
Vinh
Ha-Tinh
ANNAM
Dong-Hoi
Quang-Tri
HUE
Tourane
Quang-Nam
Mékong
SIAM
Quang-Nai
Qui-Nhon
Song-Cai
BANGKOK
Menam St.
Rat-Bouri
Ang-Kor
Semreab
Battambang
Tonlé
CAMBODGE
Nha-Trang
Phan-Rang
Golfe de Martaban
GOLFE
Hova-Hin
Réam
Tai-Ninh
Bien-Hoa
PNOM-PENH
SAIGON
DE
Kampot
I. Tron
COCHINCHINE
SIAM
Péninsule
de
Camao
Delta du Mékong
C. Cambodge
Poulo Condor
MER DE CHINE
PRESQU'ILE
Isthme
de
Kra
DE
MALACCA
Poulo-Pinang
DÉTROIT DE MALACCA
SUMATRA
Kuala-Lumpur
Pahang
SINGAPOUR
BORNEO